現場から問う
職業としての教師

金 龍哲
下山田 伸一郎 【編著】

大学教育出版

はしがき

　教育ほど身近な現象はないといわれる。
　人は、意識してか否かを問わず、誰もが教育を受け、また教育をする。制度としての教育に限定してみても、もはや教育を経験していない人を見つけることは不可能であろう。すべての人が何らかの形で最短で9年間の教育を受けることになっているだけでなく、高校が「準義務教育化」し、大学が「全入時代」を迎えるにつれ、学校での生活期間が人生に占める割合がどんどん長くなっていくのである。
　教育のシステムほど拡張し続ける社会制度もまたない。学校教育法に定めた学校（いわゆる「一条校」）の人口は、総人口の4分の1を占めるといわれる。文科省の2013年度の統計によると、現在、57,845校の学校に1,943万人が在学している。この「巨大産業」を「教育を司る」ことを職業とする133.7万人の教師が支える。学校は、教師と歴史を共に栄えてきた。公教育制度を担ってきた近代学校制度の歴史は、教師の役割が「近代的職業」として定着した歴史でもあったのである。
　現代は「職業社会」といわれる。この複雑に分化した職業の世界において、われわれは身近にある職業以外はほとんど知らないか、知っていても断片的である。漱石が「天下に職業の種類が何百種何千種あるか分からない」ほど、職業がどんどん細分化していく中で、「自分の生命を託すべき職業」を見つけることの難しさに言及したのは、1911年8月の明石での講演においてであった。それからちょうど100年経った2011年に、厚生労働省は職業分類について大幅な改定作業を行い、もとの27,637種の職業名について「名称の整理」と「表記の統一」を図り、最終的に約17,200種の職業名を同省の「職業分類表」に採録している。職業名が大幅に減少したとはいえ、17,200種の職業とはやはり膨大な数である。そのほとんどが日常の生活とかかわりを持たないか、意識されない職業であることはいうまでもない。同「職業分類表」において、教師は「専門的・技術的職業」という大分類項目の中の「教育の職業」として分類されている。この「教育の職業」は、数ある中でも恐らく誰もが身近に感じ、また誰もが「知っている」

職業といえよう。前述したように、誰もが教育を経験し、また何らかの形で教師とかかわりを持つからである。

そもそも職業とは定義が難しい概念である。ある人気アイドルが職業欄に自分のグループ名を記入して話題になった。職業の定義の難しさを実感させるエピソードである。厚労省の職業分類における定義によると、職業とは「職務の内容である仕事や課せられた責任を遂行するために要求されている技能、知識、能力などの共通性または類似性によってまとめられた一群の職務」となっているが、実際には明確な分類が困難な職業が無数に存在する。多くの人にとって職業は、収入を得て生計を立てることに第一義的目的があるが、そのほかにも社会生活において必要とされる役割を担うこと、人生の目標や生きがいを充足させ、実りのあるものにするなどの要素も重要だといわれる。現代において、職業は生きることのすべてでなく、職業に対して生きがい、社会貢献、帰属意識、使命感など多様な意味を賦与することは、教師など特定の職業に限定されるとは言いにくいのである。

『職業としての教師』という大仰な書名から、ウェーバー流の学問的追及を期待する読者がいるかも知れない。しかし、本書は膨大かつ複雑な職業システムにおける教職の構造的特性や社会学的定義への問いに学問的解答を与えようとするものではない。本書は、一言でいうと、職業という視座から教師の実像を浮き彫りにするための試みである。学習指導、生徒指導、学級経営、研修と研究を含めて、教員養成の仕組み、教師の服務、教師に求められる資質能力、教師と生徒の関係、学校と地域の関係、教師の悦びと悩みなどについての、教師の立場と現場の視点からの解説である。実際に教壇に立ち、現場で活躍している教師、あるいは長年、学校教育に携わってきた経験者に執筆をお願いしたのは、仲間として共感し、喜びと悩みを共有できる立場からの臨場感のある教師論を期待したからである。

本書の編集にあたっては、ご多忙の中、林誠之介所長をはじめ、神奈川県立総合教育センターの多くの方々にご協力いただき、白倉哲企画広報課長には、執筆のほか、繁雑な編集作業も担っていただいた。ここで改めて感謝申し上げたい。

教師があるように学校があり、教師があるように教育があるといわれる。学校を取り巻く環境が大きく変化し、教師への視線がますます厳しくなっていく中

で、本書が教師という職業への理解が深まり、教育の在り方を思索するきっかけの一つとなれば幸いである。

2014年3月

金　龍哲

現場から問う 職業としての教師

目　次

はしがき……………………………………………………………………… i

第1章　教師になる道
―教員養成と採用のしくみ―……………………………………… 1
1. 教職の魅力　*1*
2. 公立学校と私立学校の教員採用　*6*
3. 大学の教職課程による養成と「教師養成塾」　*9*

第2章　「子どもが好き」で十分か
―教師に求められる資質と能力―………………………… 14
1. 教師が問われている課題　*14*
2. 「まねぶ力」　*15*
3. 「教えることを学ぶ力」と「創造する力」　*16*
4. 愛の証としての「叱る力」　*18*
5. 関係性の構築力　*19*
6. 地域の一員となり、地域を知る　*21*
7. 教師への期待　*22*

第3章　教師の服務
―全体の奉仕者としての教師―………………………………*24*
1. 服務の根本規準・服務の宣誓　*25*
2. 職務上の義務と教育現場での問題　*26*
3. 身分上の義務と教育現場での問題　*28*
4. 服務に違反したら　*32*
5. 非常事態に際して、何を優先するか　*35*

第4章　子どもが主役の授業をつくる
―学びのコーディネーターとしての教師―…………………*37*
1. 授業をつくる　*37*
2. 今求められている授業　*38*
3. 児童生徒の実態をつかむ　*40*

4. 単元（題材）による授業構想　　*41*
　　5. 子どもが主役の授業をつくる工夫　　*43*

第5章　「生徒指導」という仕事
　　　　——ケアする教師——……………………………………*48*
　　1. 生徒指導とは何か　　*48*
　　2. ケアリングという考え方　　*49*
　　3. 生徒指導のキーワードと教師の役割　　*51*

第6章　共に学び共に育つ
　　　　——子どもの支援者としての教師——………………*58*
　　1. 「困った子」から「困っている子」へ　　*58*
　　2. 発達障害の理解　　*60*
　　3. 「気になる子」への支援　　*62*
　　4. 子ども支援の諸課題　　*66*

第7章　学ぶ集団をつくる
　　　　——学級経営という仕事——……………………………*68*
　　1. 「学級経営」とは何か　　*68*
　　2. 「学級経営」という仕事　　*72*
　　3. おわりに——学級崩壊という負の幻を見ないために——　　*78*

第8章　体罰は払拭できるか
　　　　——悪しき慣習にみる教職の権威と特性——…………*79*
　　1. 「これは指導ですか、体罰ですか」　　*79*
　　2. 体罰の実態　　*84*
　　3. 体罰発生の3つの形態　　*86*
　　4. 体罰の法的な側面　　*89*
　　5. 体罰防止に向けた環境づくり　　*91*

第9章 学校・家庭・地域の協働性の構築
—よりよい関係づくりに向けた教師の役割— ……………93
1. 開かれた学校づくりと地域との協働　93
2. 学校支援ボランティア　97
3. 地域との協働性構築の一環としての学校開放　101

第10章 子どもの知を創る
—研究者としての教師— ………………………… 106
1. 教師にとっての研究とは　106
2. 学校現場に根ざした研究　107
3. 子どもの知を創る　109
4. これからの研究　115

第11章 社会から信頼される学校づくり
—不祥事防止と学校経営— ……………………117
1. 開かれた学校づくり　117
2. 学校経営の展開　118
3. リスク管理の徹底　118
4. 不祥事防止対策　119
5. 個別課題の原因と防止策　123

第12章 子どもは地域で育つ
—地域文化の伝承者としての教師— …………………… 128
1. 地域の生活の中にある教育力　128
2. 通過儀礼の持つ教育力　132
3. 地域文化を教材化する教師の力—地域文化の伝承者としての教師—　136

第13章 教師像の変遷からみた教職観
—専門職としての教師— …………………………………… 139
1. 聖職者か労働者か　139
2. 「教師専門職論」の論理　142

3. 教師の専門職化は可能か　*146*

第14章　仲間とともに成長する
　　　　　　—学び続ける教師—……………………………………… *150*
　　1. 制度としての研修　*151*
　　2. 行政研修制度　*154*
　　3. 教員免許更新制　*158*
　　4. 校内で行われる研修　*159*
　　5. 学び続ける教師　*160*

第15章　教師の歳時記
　　　　　　—教師の1日、教師の1年— ……………………………… *163*
　　1. 教師の1日　*163*
　　2. 教師の1年　*168*

第16章　教師の喜びと悩み
　　　　　　—教職のやりがいと特性— ………………………………… *174*
　　1. 地図には残らない仕事　*174*
　　2. 微妙な距離感をもって存在する異物　*176*
　　3. 悩む実践家　*182*

第17章　数字で見る教師の素顔
　　　　　　—データが物語る教師の現状— …………………………… *185*
　　1. 学校という「巨大産業」　*185*
　　2. 教採の難関　*187*
　　3. 職場環境と勤務実態　*194*

第1章 教師になる道
―教員養成と採用のしくみ―

　この本のページを開いている皆さんの多くは、教師という職業に興味や関心を抱いている人々であるだろう。教職に就くことを希望して大学等で学んでいる人や、教職課程は履修していないが教員になる方法を知りたいと思っている人、教職について詳しく知りたいと思っている人などが、この本を手にしているかもしれない。

　そこで、この本を通して、教師という職業の特性や魅力について、できるだけ有益な情報を皆さんに提供できたらと思う。有益な情報という場合、もちろん役に立つとか参考になるといった実利的な意味もあるが、それに加えて学校や教育の状況、職業としての教職などについて、学校のリアルな実情なども紹介しつつ、皆さんの理解や認識を少しでも深めることのできる内容を提供できたらと思っている。

　教師という仕事はやりがいがあるし、魅力ある職業でもある。一方で、学校や教育には多くの問題や課題もある。そうした中、教職に就くためには、それなりの準備と覚悟が必要となる。

1. 教職の魅力

　さて、人はなぜ教師を目指すのだろうか。教員という職業のどこに魅力を感じるのだろう。皆さんはどうだろうか。自分自身に問いかけてみてほしい。教員採用試験において、教員志望の理由を問われてどう答えるかといったことだけではなくて、自分の内なる声に耳を傾けてみる必要がある。志望の真の動機は何か。そのことを自分に問いかけることは決して無駄なことではない。教職という責任の重い職に就こうとする以上、自分自身に向き合い、自身の考えや思いを直視する勇気も必要である。

さまざまな志望理由

　皆さんが自分の考えを深めるための参考となるよう、教員志望の理由や動機について、いろいろな角度から考えてみることにしたい。まず、教員志望の理由として一般的に考えられるものを箇条書きにして取り上げてみることにする。

表 1-1　教員志望の理由

① 子ども（児童生徒）が好きだから
② 教えることが好きだから
③ 大学等で学んだこと（自分の専門）を教えたい（生かしたい）から
④ 人とふれあうことが好きだから
⑤ 子どもを健やかに成長させたいから
⑥ 悩みや困りごとをもつ子どもの力になりたいから
⑦ 部活動の指導をしたいから
⑧ 将来、社会に役立つ人材を育てたいから
⑨ 学校の教育をより良いものにしたいから
⑩ 自分が学んだ学校が楽しかったから
⑪ 尊敬できる（好きな）先生がいたから
⑫ 自分の親や身近な人が教員だったから
⑬ 教員という仕事に憧れを感じていたから
⑭ 教員の仕事がおもしろいと思うから
⑮ 仕事としてやりがいがあると思うから
⑯ 職業的に安定して働きやすく待遇もいいから
⑰ 会社勤めや自営業などには向いていないと思うから
⑱ 自分自身の勉強や活動などを続けることができるから
その他（　　　　）

　教員志望の理由として、この他にもいろいろ考えられるだろうし、各項目の言葉のニュアンスがぴったりこないということもあるだろう。それはさておき、まずは上記の①～⑱までの項目の中から3つ選べ、と言われたらどう答えるか、自分でやってみてほしい。じっくり考えて選んでもいいし、直感的に選んでもかまわない。

　その作業が終わったら、次に①から⑱の一つひとつについて、自分の考えや思いにあてはまるかどうかを考えてみたい。それぞれの項目について、○(あてはまる)、△(少しあてはまる)、×(あてはまらない) で答えるとしたらどうなるだ

ろうか。この作業においても、「じっくり」でも「直感的」でもいい。また、ここに示した以外の答えがある人は、その他の（　）の中に書き入れてほしい。

　ここで、このアンケート（のようなもの）に答えてもらっているのは、教員を志望するという自分自身の考えや気持ちを自分なりに整理しておきたいからである。人によってさまざまな答えがありうるし、100人の人に答えてもらえれば傾向的なものも見えてくるだろうが、問題は自分である。なぜ教員という職業を志望するのか、自分自身の動機や気持ちをできるだけ客観的に見つめてほしいのである。

　言うまでもないことだが、教職は重い責任が伴う仕事だ。教員として、児童生徒を健やかに育成することは重要な社会的使命といえる。関わり方によっては、児童生徒の生き方に大きな影響を与えることもありえる。だからこそ、自分自身の教員志望の動機や理由を、自分なりにきちんと自覚をしておく必要がある。

3つに分類できる志望理由

　ところで、先ほどの①〜⑱の項目だが、よく見てみると内容的にいくつかのグループに分類することができそうである。大ざっぱでよいので、どのようにグループ分けできるか、考えてみよう。

　あくまでもだいたいの分類ではあるが、大きくは3つくらいのグループに分けられそうである。

　まず、第1のグループは、自分自身の興味や適性、これまでの経験などに基づく希望といえる。子どもや教えることが好きだから、大学で学んだことを教えたいから、尊敬する先生がいたから、といった理由は、これまでの学校生活や学習の中で自然に身につけてきたものであり、教員志望の際には、いわば基盤をなすものといえるだろう。

　次に、第2のグループは、教職の社会的使命を明確に意識した希望といえる。社会に役立つ人材を育てたい、学校の教育をよくしたいといった理由は、教員のミッション（使命）についての自覚や意志を表わしたものと考えられる。教員を目指す以上、こうした教職の社会的使命についての自覚は、ぜひ自分のものにしておきたい。自分なりの考えをまとめておきたいものである。

　第3のグループは、教職を職業選択という視点から考えた希望といえる。職業

的に安定して働きやすく待遇もいい、といった理由は職業選択をする際の大事な視点である。職業をもつ生活者として社会的に自立し、自身の生活を営んでいくということは、生きていく上での基盤である。こうした視点も忘れることなく、教員の職業的な特質や勤務条件等についてもよく理解をしておく必要がある。

さて、便宜的に①から⑱までの項目を3つのグループに分類してみたが、それぞれの項目はどのグループに分類したらよいだろうか。自分なりに試みてほしい。

ここで各項目をキーワードとして短縮して、一応の分類を示しておくが、絶対的なものではないことを言い添えておきたい。

表1-2　志望理由の分類

第1グループ	①子どもが好き　②教えることが好き　③専門を生かす ④人が好き　⑦部活動指導　⑩学校が楽しかった ⑪尊敬できる先生　⑫親などが教員　⑬教員に憧れ
第2グループ	⑤子どもの健やかな成長　⑥悩みや困りごとをもつ子どもを支援 ⑧社会に役立つ人材の育成　⑨学校教育をより良いものに
第3グループ	⑭教員の仕事が面白い　⑮仕事としてのやりがい ⑯職業的な安定　⑰他の職業には向いてない ⑱自分の勉強や活動の継続

この3つのグループへの分類と、皆さんが先ほどチェックした結果を照らし合わせてみると、どのようになるだろうか。

第1グループのみに○がついた人もいれば、3つのグループのそれぞれに○がついた人もいるのではないかと思う。ちなみに筆者が現在勤務する学校の若い教員数人に尋ねてみたところ、第1グループを答える人が最も多く、第2グループは少なく、第3グループは若干いたというような結果であった。

参考程度の結果でしかないが、考えを進めてみると教師を目指す人にとっては、何と言っても第1グループの志望理由が大きいと考えられる。それに加えて第2・第3グループの志望理由もそれなりの重みをもつということになりそうである。

この3つのグループとは、言い換えれば3つの視点ということになる。自分が教員を志望する動機や理由について、この3つの視点を意識に置いて点検してみ

てはどうか。その点検によって、自身の志望動機をより明確なものにしていけるのではないか。

　こうした自己点検を行ってみて、自分の答えの中にまったく○のつかない視点（グループ）があったとしたら、あらためてその視点を意識して自身の考えを整理する必要があるかもしれない。自分の志望理由になぜその視点が欠けているのか、そのことは自分が教員になる上で問題とはならないのか、といったことを考えてみる必要がある。あるいは第3グループ以外にはほとんど○がつかないとしたらどうだろうか。こうした振り返りを行い、省察を加えることは大事なことである。何事も最初の志が大切だ。教員志望の皆さんには、ぜひ自分の志望理由について、こうした方法も手掛かりにして、考えを深めておいてほしいと思う。

教員と教師
　ところで、ここまで教員や教師という言葉を区別せずに使用してきた。中には、「教員」という言葉と「教師」という言葉がまったく同じなのか、それとも何か違いがあるのかと気になる人もいるだろう。「教員」や「教師」以外にも「教諭」という言葉もある。「広辞苑」でそれぞれの意味を調べてみると、次のようになる。

「教員」学校に勤務して教育を行う人。教師。
「教師」①学術・技芸を教授する人②公認された資格をもって児童・生徒・学生を教育する人。教員。③宗教上の教化をつかさどる人。
「教諭」①幼稚園・小学校・中学校・高等学校・中等教育学校・特別支援学校の正規の教員。教育職員免許法により普通免許状を必要とする。②旧制で、中等学校の正規の教員。小学校教員は訓導、大学高専教員を教授といった。

　これを見ると、「教員」の定義と「教師」の②の定義がほぼ重なることがわかる。つまり、資格をもって学校に勤務し、児童や生徒などを教育する人ということであり、その人は教員とも教師とも呼ばれる。これに加えて、「教師」の方は①や③の意味があるように、もう少し幅が広く、公認された資格の有無にかかわらず、また学校という場ではなくても、何らか価値あるものを教える人ということができる。また、「教諭」については、法律的な言葉であり、「教育職員免許法」による免許状をもち、「学校教育法」の第1条に規定される学校で教育を行

う人という意味になる。本書においても、文脈や場合に応じてこれらの言葉を使いわけていくことになる。

2. 公立学校と私立学校の教員採用

　教員を目指す人にとって、まず、どの校種の教職につきたいのかをはっきりさせる必要がある。つまり、小学校の教員になりたいのか、中学校や高校の教員なのか、あるいは特別支援学校なのか、といったことである。教員の免許状（普通免許状）は、学校の種類ごとに区分されている。例えば小学校の免許状は小学校でのみ有効であるし、中学校と高校では教科ごとに免許状が授与される。養護教諭や栄養教諭の免許状には、学校の種類による区分はない。こうしたことから、例えば大学では中学校・高校の教員免許状を取得し卒業したが、その後、小学校の教員を希望するようになり、あらためて大学の通信制課程に在籍して小学校の免許状と取得するといった事例も時に見受けられたりする。

　学校の校種については、以下に示すとおり、「学校教育法」第1条に位置づけられている。そこで、これらの学校のことを「1条校」や「1条学校」と呼ぶことがある。

「学校教育法」第1章総則
［学校の範囲］
第1条　この法律で、学校とは、幼稚園、小学校、中学校、高等学校、中等教育学
　　　校、特別支援学校、大学及び高等専門学校とする。

　また、この第1条に位置づけられた学校は、その設置者によって、国立学校、公立学校、私立学校に分けられる。それぞれの設置者は、国立学校は国、公立学校は地方公共団体（つまり都道府県や市町村）、私立学校は私立学校法に規定する学校法人である。

　こうした前提を理解した上で、次に教員になるためには具体的にどうしたらよいのかを考えてみよう。教員採用については、設置者ごとにそれぞれ教員採用試験が行われる。ここでは、公立学校と私立学校について述べていくことにするが、公立学校と私立学校では、採用の仕方が大きく違うので、その点に留意しつ

つ話を進めていきたい。

公立学校の場合

　公立学校では、都道府県や政令指定都市などがそれぞれ教員募集と採用試験を行っている。ここでは具体的に理解しやすいよう、神奈川県を例に取り上げて説明してみる。

　神奈川県の特徴の1つとして、横浜市、川崎市、相模原市という3つの政令指定都市（以下、政令市という）がある。政令市とは人口50万以上の市のうち政令で指定された市のことで、一般の市町村より大きな権限をもち、現在、15の府県に20の政令市が置かれている。1つの県に3つの政令市が置かれているのは、全国でも神奈川県だけである。

　このため、公立学校の教員採用試験については、神奈川県では、県が実施する募集・試験があり、それとは別に横浜・川崎・相模原の3市がそれぞれ独自に募集・試験を行っている。神奈川県が所管するのは、政令市を除く県内市町の小学校・中学校および県立学校（高校と特別支援学校）の募集・試験である。

　そこで、例えば神奈川県で公立小学校の教員になりたい場合、横浜市立の小学校を希望するなら横浜市の試験を、政令市以外の藤沢市や小田原市などの小学校を希望するなら神奈川県の試験を受けることになる。そして、試験はそれぞれ別に行われるが、試験日程（一次試験）は県と政令市3市は同一の日程で実施されている。

私立学校の場合

　私立学校の場合には、先ほど述べたように、私立学校の設置者は学校法人と呼ばれる組織であり、私立学校はそれぞれの学校ごとに独自の「建学の精神」をもって運営されている。1つの学校法人が複数の学校を経営することもある。県や市町村の教育委員会が所管する公立学校とは異なり、私立学校は法令や学習指導要領などに基づき、各学校がそれぞれ独自の教育活動を行っている。

　そこで、教員採用についても、私立学校では各学校がそれぞれ募集・試験を実施している。公立学校の教員採用は、所管の教育委員会が計画し実施するが、私立学校は学校ごとに計画し実施する。つまり、募集の時期や採用試験の方法など

は学校ごとに異なるということである。
　では、私立学校の採用試験を受けたいと希望する場合、どのようにしたらよいのか。例えば、ある私立学校が教員採用試験を実施する場合、募集の仕方にはいくつかの方法が考えられる。
　①　教員募集の要項等を大学へ送付し、周知する方法。
　　志望者はその内容を確認して、自身の希望に合致すれば、示された手順で志願手続きを行う。
　②　教員募集の要項等を学校のホームページなどに掲載する方法。
　　各学校は、採用に関する情報を自校のホームページに掲載し、インターネットの教員情報サイトから検索できるようにもする。そうしたサイトやホームページから具体的な求人内容を確認することができる。
　③　私学協会などから教員志望者の情報を入手する方法。
　　私立学校は、私学協会などの団体から教員志望者に関する情報を入手することができる。教員志望者が自ら自己情報を登録し、各学校がそれを活用する仕組みである。この場合、志望者は個別の学校からの連絡を待つということになる。
　このほかにも、私立学校の合同採用説明会などの場に参加し、採用に関する情報を得ることも可能である。

公立学校と私立学校の違い
　公立学校と私立学校に分けて説明してみたが、公立学校と私立学校とでは、経営方針や教育活動の内容、職員の待遇等で違いがあり、それぞれの特徴をよく理解しておく必要がある。
　基本的に、公立学校は公費（税金）によって運営され、私立学校は保護者から徴収する授業料等の学納金や寄付金等によって運営される。公立学校では教育委員会の指導のもと各学校の運営や教育活動が行われるのに対し、私立学校では各学校がそれぞれの「建学の精神」に基づき独自の運営や教育活動を行っている。
　公立の場合、教育委員会の施策や方針が学校運営の基盤となるわけだが、各学校が立地する地域性や教育内容の特色などによって、実際にはさまざまな学校が存在している。学力面を見ても地域によって学校によって多様な実態がある。近

年は、公立においても特色づくりを進めており、特色による学校の違いも出てきている。例えば高校の場合には、全日制・定時制・通信制という課程や、普通科・専門学科・総合学科という学科の区分があり、学習形態や学習内容においてかなりの違いがある。また、公立では他の学校への異動（転勤）を数回経験することが普通であるため、さまざまなタイプの学校を経験することになる。公立学校を志望する場合には、こうした多様な実態をよく理解し、柔軟に対応していく心構えが求められるだろう。

　私立学校の場合は、先ほども述べたように、「建学の精神」に基づき、独自の教育を提供することが私学としての特色である。ユニークな教育哲学や理念に基づく教育を行う私学もあるし、キリスト教や仏教などの宗教を基盤におく教育を行う私学もある。私学を希望する場合には、各学校の特色や学力の状況、生徒の実態などについて、事前にリサーチを行っておくことが可能である。また、私立学校では、基本的に異動（転勤）というものはない。したがって、一度ある学校へ就職すれば、その後ずっとその学校での勤務を続けていくことになる。私立学校に就職するにあたっては、自分の希望や適性に合う学校なのかどうか、自分の力を十分に発揮するにふさわしい学校なのかどうか、自分なりの判断をもって選択することが求められるだろう。

　参考までに申し上げておくが、例えば私が勤務する学校（私立学校）の教員には、私立の中学校・高校を卒業した者もいるし、公立の中学校・高校を卒業した者もいる。それぞれの学校時代の経験において違いがないわけではないが、同じ職場の同僚として日々の教育活動を実践していく中で支障はまったくない。公立学校の場合もそのことは同様である。自分が公立の出身であれ私立の出身であれ、そのことだけにとらわれず、教職に就く機会を幅広くとらえて、チャンスがあれば果敢にチャレンジしてみるべきではないだろうか。

3. 大学の教職課程による養成と「教師養成塾」

　教諭の普通免許状を取得するためには、大学等の教職課程の単位を修得する必要がある。言い換えれば、教員養成は大学等の教職課程が担うということであるが、現在、教員養成の一層の充実が求められていることから、教員養成の方法に

ついて、さまざまな改革が進められている。具体的には、教職課程の質的水準の向上、教職大学院の創設、教員免許更新制の導入などである。

教員養成の一層の充実

まず、教職課程の質的水準の向上については、例えば、2013年度から4年制大学において実施された「教職実践演習（2単位）」の必修化がある。この「教職実践演習」は教職に関する科目として新設されたもので、教員として最小限必要な資質能力が形成されたかについて最終的に確認するため、教室での活動以外に、学校等の協力を得て、実務実習や現地調査、模擬授業等を行うとされている。

また、教職大学院については、より高度な専門性を備えた力量ある教員を養成するため、2008年度から開設された。学部を卒業した学生を対象とする新人教員の育成と、現職教員を対象に指導的な教員の育成を目的とし、学校等での実習を重視している。2013年度には、全国で25校に設置されている。

教員免許更新制は、免許状に10年間の有効期限を付し、定期的に必要な刷新（リニューアル）を図るための制度として、2009年度から導入されたものである。教員は定期的に最新の知識技能を身につけるため、免許更新講習を受講し修了する必要がある。

こうした大学等での教員養成の新たな動きのほかに、「教師養成塾」という注目すべき取組みがある。この「教師養成塾」は、大学ではなく各自治体が独自に行っているものであり、教員志望の皆さんにはぜひ知っておいてほしい取組みである。

「教師養成塾」

教員養成はこれまで大学等が行うものであって、自治体には教員養成を行う義務も必要性もなかった。大学等は教員志望者の送り手側であり、自治体は受け手側であったといえる。では、なぜ受け手側である自治体が「教師養成塾」という形で教員養成に乗り出すことになったのか。

まず、「教師養成塾」について、その目的や成り立ちについて、確認しておこう。

「教師養成塾」は、県や市などの自治体（教育委員会）がそれぞれ独自に教員志望者のための研修講座を開設し、講義や模擬授業、体験活動などを通して、教師力の育成・向上を図るものである。
　現在、東京都、大阪府、神奈川県、横浜市、京都市など全国で 15 を超える自治体で実施されている。その名称は、例えば東京都では「東京教師養成塾」、神奈川県では「かながわティーチャーズカレッジ」、横浜市では「よこはま教師塾アイ・カレッジ」と呼ばれるなど、自治体ごとにさまざまである。
　こうした自治体独自の取組みは、2004 年 4 月に、東京都が「東京教師塾」を設置したことに始まる。その後、他の自治体での設置が続くが、ここでは特徴的な内容と経緯をもつ、東京都杉並区の「杉並師範館」を取り上げてみる。「杉並師範館」は、2006 年 4 月に開設され、2011 年 3 月に閉塾しているが、その記念誌「杉並師範館の歩み」から、設置の経緯を引用する。

> 　杉並区では、独自の教師養成をこの杉並師範館で行い、卒塾生を、区費負担で、区が人事権を持ち、区外には異動しない杉並区独自の教師として採用していくという構想に至ったのです。
> 　「地域の人々の生活は、地元自治体が責任もって守り育てていく」―このことは自治の原点であります。そうであれば、その原点に立ち返り、杉並の子どもたちを教え導く教師を、区が責任もって養成し採用していくこと、また採用後もその能力を最大限に発揮出来るよう区が責任もって研修していくという流れは当然の責任と考えられたのです。
> 　一口で言えば、こうした考えのもと、「では独自に教師養成機関を創り、教師養成から始めていこう」というのが、この構想の中身なのです。
> 　　　　　　　　　　　「杉並師範館の歩み」、2011 年、p.11 ～ p.12

　この経緯の背景には、教員の給与負担と人事権の問題がある。市町村立（杉並区などの特別区を含む）の小・中学校の教員の給与は、法律によって国と都道府県が一定の割合で負担することになっており、教員の人事権は都道府県がもつことになっている。特別区の 1 つである杉並区の場合もそうであり、東京都が人事権をもち、人事異動を行っている。杉並区でどんなに活躍した優秀な教員であっても、人事異動があれば、他の地域へ異動することになる。そうした中、2006 年に法律の改正があり、市町村（特別区を含む）が独自に給与負担しつつ教員

を任用することが可能となった。そこで、杉並区では、杉並区として教員を採用し、採用前に独自に教員養成を行うことを構想して実行に移したわけである。1つの自治体として意欲的なチャレンジであったといえるが、その構想の要点は、「教員養成そのものを自ら行って、優れた教員を確保する」というところにあった。

　他の自治体の「教師養成塾」についても、そのねらいは基本的には同じである。大学教育よりも実践的な教育内容を行うとしていることや、期間が1年前後であることなども共通している。

　こうして、都市部を中心に、「優れた教員を確保する」ため、自ら教師養成に踏み出す自治体（教育委員会）が拡がってきたわけである。都道府県や政令指定都市など、もともと人事権を持つ自治体においても、採用前に、より高い実践力や指導力をもつ教員を育て、採用につなげようとする動きが顕著なものになってきた。

　採用されたばかりの若い教員であっても教科指導をはじめ、生徒指導や学級経営、分掌業務などの仕事にしっかり取り組むことが期待される。教育現場の課題は多様化・複雑化してきており、採用時点で教師としての実践力が求められる時代である。こうしたことから各自治体では、「教師養成塾」における取組みを通して、より実践的な指導力をもつ優れた人材を育成しようとしているのである。

　なお、教員採用試験において、「教師養成塾」の修了者に対する優遇的な措置を実施している自治体がある。例えば、神奈川県の「かながわティーチャーズカレッジ」では、オープンコースとチャレンジコースの2つのコースのうち、小学校の教員を志望する人のためのチャレンジコースにおいて優遇的な措置がとられている。具体的には、チャレンジコースの修了者については、教員採用試験の第1次試験において、一般教養・教職専門試験が免除されるというものである。こうした措置の実施は、各自治体によって違いがあり、こうした措置をとらない自治体もあるので、よく確認しておく必要がある。

これからの教員

　現在、国では、教員養成を修士レベル化し、教員を高度専門職業人として位置づけることなどについて検討を行っている。今後も教員養成の充実に向けて、さ

らなる施策の実施も予想され、今後の教育行政の動向が気になるところである。

また、各自治体の「教師養成塾」については、養成塾修了者が教員採用試験においてどのような結果を残しているか、採用されてから教員としての力量を十分に発揮しているかなど、今後の検証が必要であり、注目していきたい。

いずれにしても、多様で複雑な教育課題に的確に対応し、児童生徒の教育に情熱をもって取り組むことのできる人材が求められている。これまで見てきたように、教員養成のさらなる充実のため、送り手側と受け手側の両方からさまざまな手立てが講じられている。

これからの教員は、こうした手立てを適切に活用し、高い実践力や指導力を真に自分のものとするため、教員になる前も教員になった後も、不断の研鑽に努めていく心構えが必要であるといえる。

（下山田　伸一郎）

文　献

① 　内田樹『先生はえらい』（ちくまプリマー新書）2005 年
② 　大村はま『新編教えるということ』（ちくま学芸文庫）1996 年
③ 　杉並師範館「杉並師範館の歩み　教師養成 5 年間の軌跡」（「杉並師範館の歩み」編集委員会編）2011 年
⑤ 　中央教育審議会「今後の教員養成・免許制度の在り方について（答申）」（2006 年 7 月 11 日）
⑥ 　中央教育審議会「教職生活の全体を通じた教員の資質能力の総合的な向上方策について（答申）」（2012 年 8 月 28 日）

第2章 「子どもが好き」で十分か
― 教師に求められる資質と能力 ―

1. 教師が問われている課題

　教師という仕事は、時代の変化や科学技術の進歩に伴い、求められる能力が少しずつ変わってきている。

　今日求められている教師像の起源は、臨時教育審議会答申（1985年～1987年「教育改革に関する第一次～第三次答申」）にある。臨教審の教師像は、後の教員養成審議会答申（1987年、1997年、1998年、2000年［第一次～第三次］）等にも受け継がれている。そして、2005年の中央教育審議会答申「新しい時代の義務教育を創造する」でも教師について重要な見解が示された。そこには、次のように述べられている。

> 　学ぶ意欲や生活習慣の未確立、後を絶たない問題行動など義務教育をめぐる状況には深刻なものがある。公立学校に対する不満も少なくない。我々の願いは、子どもたちがよく学びよく遊び、心身ともに健やかに育つことである。そのために、質の高い教師が教える学校、生き生きと活気あふれる学校を実現したい。学校の教育力、すなわち「学校力」を強化し、「教育力」を強化し、それを通じて、子どもたちの「人間力」を豊かに育てることが改革の目標である。

　教育、学校の現状を見ると、学習指導の重点が「知識の量」から、「思考力・表現力・判断力の育成」におかれ、さまざまな工夫が試みられている。また、教師の年齢構成をみると、「二こぶラクダ」という言葉に象徴されるように、老若年齢層が高く、時には、学校運営に支障をきたしたり、教育技術や学校文化の継承にも影響を与えたりしている。さらに、教師が多忙になり、子どもの声に耳を傾けたり、日々の授業を振り返ってみたり、子どもの関心を喚起するような授業展開を研究したりすることも、なかなか容易ではない。

　今、教師はさまざまな課題を抱えている。中でも、1つの大きな課題は、何といってもまず子どもが健やかに育ち、学びを充実させるため、一人ひとりの教師

が高い資質や能力を身につけることである。

2.「まねぶ力」

　教師になると、まず勧められるのは、先輩教師の授業を見て、教授スキルを自分の授業に適用すること、つまり、先輩のスキルを真似たり、繰り返してみたりして覚えることであろう。

　これは、職人の世界でよくみられることである。例えば、鉋の掛け方を言葉で説明して教えようと思っても、大変難しい。それよりも、鉋を掛けているのを見せたり、鉋屑を見せたりした方が、弟子には理解しやすい。このようにして、一つひとつ技術を体得させ、一人前の職人を育てあげるのである。

　教師も、「まねぶ力」や「修練する力」を体得しなければならないが、佐藤学は、教師の仕事の世界について、次のように述べている（佐藤、2009、p.15）。

　　　職人としての教師の世界は「熟達した技能」「経験」「勘やコツ」によって構成され、専門家としての世界は「科学的専門的知識」「技術」「反省的思考と創造的探求」によって構成されている。そして職人としての世界は「模倣」と「修練」によって学ばれ、専門家としての世界は「省察」と「研究」によって学ばれる。
　　　この二つは相まって教師としての力量（コンピテンス）を形成している。

　若い教師と話をしていた時に、ふと漏らした彼の言葉が、習得することの難しさを表していて、忘れられない。

　「就職してまもないある日、先輩の教師から、『板書を正確で丁寧に』と言われたのです。何度も、その先生の授業を見せてもらい、チョークの持ち方や色チョークの使い方など、驚くことばかりでした。放課後、真っすぐ書くことから練習しました。なんとかまっすぐ板書することはできました。でも、何を板書するかが、よく分らないのです。目標と関係してくるので、難しいですね。授業後、子どもたちが板書を見れば、その時間の授業を思い起せるような板書を心がけているのですが、うまくいきません。」

　先輩の授業から得た授業スキルが、自分のものになった時、教師として、1歩前進するのである。

3.「教えることを学ぶ力」と「創造する力」

　教師には、教える専門家として、自分の授業から「教えることを学ぶ力」を、子どもの学習に対する意欲、興味、関心を喚起させる授業を「創造する力」が求められている。
　一人ひとりの教師の日々の実践に、教師の専門性が反映されているかと問われると、返事に窮する人も多いのではないだろうか。
　例えば、学校内外で公開授業が数多く実施されているが、討論になると、大半の時間が教授スキルに関する話題に割かれ、「今日の実践から学ぶこと」という視点での話し合いは、極めて少ない。
　今、このような状況を克服し、日々の実践から学び、質の高い授業を実践していくことが、渇望されているのである。
　そこで、まず、「教えることを学ぶ」ということが、どういうことなのか、また、それはどんな方法で身につけることが可能なのかを考えたい。これらのことについて、浅田匡は、次のように述べている（浅田、2010、pp.35-36）。

>　教えることを学ぶ第一歩として、自らの授業から何を学ぶのかという目標、言い換えれば、「研究のための質問（リサーチ・クエスチョン）」を作らなければならないが、それが意外と難しい。具体的に、「私は…を改善したい」「私は…を変えたい。なぜなら…」「授業でやってみたいアイデイアは…」「私はもっと…知りたい（学びたい）」といったことを自問自答することからはじめるといいのではないだろうか。例えば、「私は授業で用いている発問を変えたい。なぜなら、私はすべての生徒のニーズに適っていないと感じているから。」から教師の学びははじまり、「何を変えるか？」と言えば「授業の話し合い場面において集中力や動機を高めることをより多く行う」、そして「課題に従事している行動を観察によってそれを評価する」と考え、したがって「研究のための質問」は、「授業の話し合いの場面において、開かれた質問をより多く用いることはすべての生徒の課題に従事する行動を改善するか？」となる。

　直感的に、授業者としての自分から、何を課題として捕らえてもらいたいかを考えることにより、授業に学ぶということが始まるといえる。
　同じ授業を見ていても、何が見えてくるか、人によって異なることに注目しなければならない。例えば、経験豊かな教師と少ない教師が同じ授業を見たとし

よう。前者は、子どものどんな反応にも対応することを見て、見ている人は教師の側に多様な手立てが用意されていることを容易に理解できる。これに対し、後者は子どもの声が小さいとか、学級が騒がしいといった表面的なことにしか目がいかないことから、指導者の意図が理解されていないことが分かる。教授スキルの深浅が、このような事態を招くのである。このような状況を変えていくためには、さまざまな教授スキルを体得し、駆使する力や練度を高めていくことが必要である。多くの教師は、授業を振り返っているうちに、「あの発言はどういう意味だろう」「あの考えはどこから考えたのか」と考えることがある。この疑問を解き明かしているうちに、大きな課題を内包していることに気づき、子どもに学ぶのである。教師は、子どもの1歩先を歩んでいくことが必要である。教授スキルの体得を常に心がけ、授業を振り返り続けていくことは修行僧の「行」の如きものである。

　また、「授業を創る」ということは、教師にとって、この上ない喜びであるが、簡単にできることではない。授業には、教師としての経験はもちろん、生き方、考え方、学びの経歴などが滲み出てくるものである。児童画を見るたびに、今は亡きS先生を思い出す。

　この教師は、師範学校出で、小さいころから、絵を描くのが好きで、教師になってからも絵を描いていた。そのうち、先生を紹介され、仲間と共に絵の指導を受けたそうである。また、図工・美術科教育の研究会の中心として活躍し、若い人たちを育てるため、時には厳しい助言をし、夏休みには、研修の後に、仲間と一緒にデッサンを学んでいた。

　絵を描くことだけでなく、芸術を鑑賞することにも熱心で、見てきてから、「色の使い方がすばらしいんだよ。」「黒の使い方が独特なんだよ、初めてみたよ。」と作家の個性や特長についても教えてくれた。ある時、アトリエで、2人で話をしていると、「これ、読んでみな。」と言って、1冊の本を書棚から出してくれた。バーナード・リーチの本であった。この時、なぜ、この本を勧めてくれたのか分からなかったが、今、少し、分かったような気がする。

　図工科の指導を何度も見せてもらったが、イメージを拡げることを大切にされていた。でき上がった作品は、豊かな感性が表れ、澄んだ色使いが印象的だった。また、作品の掲示について、「『うまい』と言われる作品を見やすい目の高さに掲

示すると、いつも同じ子の作品が同じ所に貼られるんだ。作品には、それぞれのよさがあるから、活かしてあげないと。」と言われたことが、今も心に残っている。

科学技術の発達、中でも、情報通信技術、機器の発達は、多くの分野に大きな変化を与え、仕事のやり方やサービスのあり方も、大きく変わろうとしている。教育の分野についてみてみると、コンピュータの導入1つとってみても、子どもの学習や教師の仕事に影響を与えているが、この動きはさらに強くなっていくに違いない。これからは、今までのよさは継承し、「実践の質」を高めていくことが重要である。教師は、やはり、学ばなければならない。一般的な教養は、もちろん、教科に関する素養、教育学に関する知識を学んでいくことが大切である。その学びが、授業を創り出す時に生かされ、授業を通して、子どもに伝えられていくのである。

4. 愛の証としての「叱る力」

新任教師に、教師への志望動機を聞くと、「子どもが好きだから」、「4年生の時の担任の先生がとても優しく、先生になりたかった」、「両親が教師で、その生き方を尊敬しているから」など、さまざまであるが、「子どもが好き」で志望したというのが圧倒的である。

今、家庭では、少ない子どもに親のすべての愛情を注いで褒めて育てている保護者が多いが、この育て方にも批判があることは周知の事実である。

地域でも変化が起き、連帯意識が希薄になってきている。以前は、子どもが喧嘩をしているのを見れば、「仲良くしなければだめ、止めなさい。」と言い、止めたものである。地域に子どもを育てる力があったのである。

学校では、少子化の時代の中で育ってきた教師が増えてきている。教師と子どもの会話を聞いていると、まるで友達同士のやりとりと思える時があり、打ち解けているように思えるが、少し疑問に思える時も少なくない。

子どもは、成長していく過程で、さまざまな壁に打ち当たる。相手の嫌がることをしたり、喧嘩をして相手を傷つけてしまったり、時には、危険なことなどをしてしまうこともある。このような時、大人や教師は毅然とした態度で、子ども

の心を動かしたり言動を正していかなければならない。つまり、「叱る」ことが必要なのである。子どもを愛する教師であれば、我が子、我が兄弟として、「叱る」ことが必要である。名横綱、納谷幸喜の言葉は、示唆に富んでいる（納谷、2007、p.6）。

> 優しい先生は忘れてしまうけど、厳しく接してくれた先生はちゃんと思い出に残っています。あの厳しい先生はどうしているかなと、昔のことをいろいろ思い出したりもします。
> また、人は成長すると、以前は疎ましくあるいは苦手に思っていた先生に感謝の気持ちを抱くようになる。今日あるのは誰のおかげなのかがはっきり分かる。

5. 関係性の構築力

一人ひとりの子どもとの関係を作る

学級の中には、自分の思いや考えを積極的に表現できる子がいれば、教師がそばに行くとか細い声でやっと話す子、いつもにこにこしているが、めったに話さない子など、さまざまな子どもがいる。子どもたちの発する言葉やちょっとした動作にも教師に対する気持ちや願望がこめられている。このような子どもの心と教師の心が通い合った時、子どもと教師の「関係性」ができ、学級生活、学習を進める基盤が整うのである。

経験豊かな教師が、40歳を過ぎて、始めて1年生を担任することになり、どうして一人ひとりの子どもと心を通わせたらいいのかを悩んだ。考えた末、下校する時、一人ひとりの子どもと言葉を交わし、心を通い合わせることにした。その光景は、今でも忘れられない。

「体育の時、がんばって走ったね。」

「何度も転びそうになったけど、がんばって走ったよ。」

「みんな、応援してくれたよね。」

「うれしかった。夕飯の時、皆に教えてやるの。」

子どもたちは、教師とこのような会話を交わし、握手をして下校していくのである。子どもの心は満たされ、明日への希望に胸を膨らませる。と同時に、この会話や握手の温もりが、子どもと教師の心の結びつきを日ごとに強いものにして

いくのである。
　学級づくりは、こうして教師と子どもとの関係づくりから始まるのである。

同僚との関係性を築く

　どんな仕事においても、同僚との関係が円滑にいって始めてうまくいく。年齢、考え方、生き方などが違う人達と一緒に仕事をする場合、表面上は何事もなく終了したように思えても、参加した人達には、それぞれの思い、不満、批判などが残ることがある。このような思いは、やがて表面化し、意欲の低下を招き、出来栄えにも、影響するのである。非行や問題行動が絶えない学校は、教師の足並がそろわないことにも関係があると思われる。
　チームで仕事をする場合、自分の考えを分かりやすく伝える、相手の意見を丁寧に聞く、意見や立場の違いを理解する、自分の果すべき役割を自覚することなど、さまざまな力が求められる。
　まず、自分の考えを順序立てて、分かりやすく伝えることを心がけることが大切である。しかし、これがなかなか難しい。順序立てて分かりやすく伝えたつもりでも、理解が得られないばかりか、時には不信を募ることもある。このようなことを避けるには、説明の言葉や自分の考えをよく理解してもらう努力が必要である。その努力が、相手の理解を深め、能率も高めていくのである。
　次に、自分の考えを相手に順序立てて分かりやすく伝えると同時に、相手の考えを丁寧に聞くことが大切である。このことは、相手を尊重することでもあり、とても重要なことである。相手の主張で分からないところ、疑問に思うところなどは、納得するまで聞くことが必要であり、仕事をしていく場合のエチケットである。
　自分の考えを分かりやすく伝え、相手の意見を丁寧に聞くことができれば、グループの人達が一枚岩になって、4人でも、5～6人の力を発揮することができるのである。

保護者との関係性を築く

　保護者の一言が、教師にとって大きな励みとなることがある。逆に、ちょっとした事で、保護者との関係がうまくいかなくなり、時には、保護者の批判が始

まり、それが子どもにも伝わり、子どもが教師を信頼しない原因となることがある。

　ある学級の連絡帳は、教師と保護者のその時々の考えや思いがこと細かく書かれていて実に微笑ましい。ある時、教頭の私に、「休んだ子に連絡帳を届けながら、様子を聞きたいので、少し早いが、失礼させてください。」と言い、出かけて行った。次の日、様子を聞くと、「お母さんから、熱は下がったが、念のため、今日も休ませてください。」と言う連絡があったことを話してくれた。この日も、また、この子の家に寄って帰った。この教師は、学校でけがをしたり、連絡がなく欠席したりする子がいる時、連絡帳で疑問をもっているなと思われた時には、必ず、保護者と会って話すようにしているそうである。直に会って話すことは、大変だが、説明して理解してもらうだけでなく、子育てで困っていることなどを一緒に考える機会などにもなる。

　この教師は、保護者と直接会って話し合うことにより、保護者一人ひとりとの結びつきを強くしていくのである。

6. 地域の一員となり、地域を知る

　かつては、教師が地域の人々と一緒に活動する姿がよく見られた。しかし、時代と共に、学校と地域の関係についても、地域の人や教師の中に、異なった考えがあることは周知の事実である。このような状況の中で、東北大震災が起き、学校や教師の果すべき役割、防災教育、避難所としての学校のあり方等が大きな課題として提示された。これらの課題への早急な対策を考えて実施すると共に、これまでの災害に対する意識や考えを変えていくことが求められている。

　東北大震災でのある学校の対応である（上野、2012、p.21）。

　　　地震の数十分後、津波から逃げる避難者の方々が麓の町から学校めがけて集まってくる。多くの方々が呆然自失状態であり、ここで教師たちの冷静沈着な統率力が機能することになる。避難者の誘導から始まり、飲料水の手配など、避難所となった学校の統率も否応なしに教師の大きなタスクとなった。

　教師の的確な判断と落ち着いた行動が、避難者の生命を守り、不安や心配を和

らげ、落ち着いた生活へと導いたのである。地域の人は、教師たちの地域の一員としての行動に心を打たれたに違いない。

地域や地域の人々を知ることは大切である。何年在職していても地域のことを知らないものである。社会科や総合的な学習では、地域が学習の素材となることが多いので、地域を学ぶよい機会となる。地域を歩き、地域の人に会って話を聞くだけでも、指導の素材を得るだけでなく、地域の人との関わりをもつ第一歩となる。そのことが契機となって、やがて、日々の教育活動の良き相談相手となる。

地域には、必ず催し物がある。これも教師にとって、地域との関係性を構築する機会である。催し物に参加すると、子どもが学校では見せない姿を見たり、地域の子育てへの取り組みなどを知ることができる。同時に、地域の人々との交わりを深めることができる。ある教師に、町内会の役員が語った。

「先生、今時の中学生は、注意を聞かなかったり、長いズボンをはいて大変だよなあ。うちの町内にも、そんな子はいるよ。今年は、責任を持たせるため、かき氷を作って売ることを任せたんだけど、皆、一生懸命だよ。えらいよ。」

このように町内の人々と交わって始めて、町内の人々の子どもによせる思いが分かるのである。

地域の人々との交わりは、地域の人々の熱い思いや深い願いを知るだけでなく、教師を大きく育てる契機ともなる。

7．教師への期待

社会のさまざまなところで変化が起き、この動きは、これからはさらに激しくなっていくと思われる。教育の分野においても同様で、教師の責任は、ますます重くなっていくに違いない。

教師の言葉や行動などが子どもに影響を与えていること、また、教師の広い見識と深い知識、高い技術が子どもの成長に大きな力となっていることは、周知の事実である。この意味で、教師は教える一方で、「教える事を学ぶ徒」としての成長が待たれている。このことを、中央教育審議会の答申「教職生活の全体を

通じた教員の資質能力の総合的な向上方策について」(2012年8月28日) では、次のように述べている。

> 教員は、教職生活全体を通じて、実践的指導力等を高めるとともに、社会の急速な進展の中で知識・技術が陳腐化しないよう絶えざる刷新が必要であり、「学び続ける教員像」を確立する必要がある。このような教員の姿は、子どもたちの模範ともなる。

一人ひとりの教師が「教えることの専門家」として、また、「学び続ける教師」として、その在り方が問われているのである。

（南　久直）

文　献
① 　中央教育審議会「新しい時代の義務教育を創造する（答申）」2005年。
② 　佐藤学『教師花伝書』小学館、2009年。
③ 　浅田匡「これからの学校に求められる教師像を考える」『教育展望』9月号、教育調査研究所、2010年。
④ 　納谷幸喜「スペシャル・インタビュー」『総合教育技術』9月号、小学館、2007年。
⑤ 　上野淳「東日本大震災：避難所となった学校とその地域社会に果たした役割」『教育展望』3月号、教育調査研究所、2012年。
⑥ 　中央教育審議会「教職生活の全体を通じた教員の資質能力の総合的な向上方策について（答申）」2012年。

第3章 教師の服務
―全体の奉仕者としての教師―

　「先生」は、働いている姿が誰にでもイメージしやすい職業の１つであり、教師を目指す者には、それぞれの教師像がある。ただしその「教師」像が職業人としての姿になっているかどうか、はきちんと見定める必要がある。

　教育基本法第9条に「教員」に対する次の規定がある。

> 　法律に定める学校の教員は、自己の崇高な使命を深く自覚し、絶えず研究と修養に励み、その職責の遂行に努めなければならない。
> 　2　前項の教員については、その使命と職責の重要性にかんがみ、その身分は尊重され、待遇の適正が期せられるとともに、養成と研修の充実が図られなければならない。

　教育という「人格の完成を目指し、平和で民主的な国家及び社会の形成者として必要な資質を備えた心身ともに健康な国民の育成」（教育基本法第1条より）を期する職務に就く以上、教師は職業上の「崇高な使命を深く自覚」し、日々の行動に反映させなければならない。

表3-1　全国の設置者別の教員数と比率

	教員数	比率
国立学校	7,803	0.7%
公立学校	991,215	87.8%
私立学校	129,973	11.5%
合　計	1,128,991	100.0%

2012年文部科学統計要覧に基づく

また、全国で学校教育に従事している教員のうち、87.8%が公立学校の教員である。各都道府県または市町村の教育公務員として業務に従事する以上、「全体の奉仕者」（日本国憲法第15条）として責務を果たさなければならない。教育公務員に対する法的な規定としては、「国家公務員法」や「地方公務員法」に加えて「教育公務員特例法」等があり、その条文等に示されている服務規程を知るだけでなく、自らの行動規範とすることが求められている。「教師＝聖職論」も根強く、一般の公務員よりも一段と厳しい倫理観が求められていることは充分に認識すべきである。

　以下、服務に関する法的な規定について説明する。

1. 服務の根本規準・服務の宣誓

　地方公務員である教職員は「全体の奉仕者」として公共の利益のために勤務し、全力を挙げて職務に専念しなければならない、ということが服務の根本規準となる。

> すべて職員は、全体の奉仕者として公共の利益のために勤務し、且つ、職務の遂行に当つては、全力を挙げてこれに専念しなければならない。(地公法第30条)

　この条文のキーワードは、繰り返しになるが「全体の奉仕者」ということ、および「職務」の「専念」である。教育公務員は、各都道府県もしくは政令指定都市の教育委員会によって任命され、そのうち、小・中学校教員は、学校を設置している市町村教育委員会の服務監督を受けている（地教行法第43条）。教員は、都道府県や市町村の住民全体に対して奉仕することが求められているという服務の根本は絶対にゆるがせにしてはならないことである。この根本規準を基に教職員の服務義務が規定されているわけだが、それぞれの服務義務については後述する。

　さて、教育公務員としての人生は「服務の宣誓」から始まる。地公法第31条に規定されているこの宣誓は、公務員という職に就くことを受諾したことで生じる服務義務に従うということを、奉仕の対象である「住民」に対して宣言するということである。宣誓の具体は条例により定められている。ここでは神奈川県の「職員の服務の宣誓に関する条例」に示されている教育公務員の宣誓書様式を紹介する。

> 宣　誓　書
> 　私は、ここに日本国憲法を尊重し、地方自治及び教育の本旨にのっとり民主主義の精神を体し公務を能率的に運営すべき責務を深く自覚し、県民全体の奉仕者として、誠実かつ公正に職務を執行することを固く誓います。
> 　年　月　日
> 　　　　　　　　　　　　　　　　　　　　　　氏　名　㊞

　この宣誓書への署名・捺印を以て初めて公務員として職務を行うことができるようになると共に、遵守すべき服務規程が適用される訳である。えてして宣誓書

に署名している本人が、法的な意味を正確に意識していない場合もあるようだが、この宣誓は教育公務員として職にあり続ける限り、また、一部の服務規程については職を離れた後も、義務に服することを求めている。その意識をしっかりと持ち続けることが必要である。

2. 職務上の義務と教育現場での問題

地公法第30～38条には公務員が遵守すべき服務が規定されている。まず、教育公務員に係る職務上の義務と、実際の勤務の中で生じうる問題等について説明する。

法令及び上司の職務命令に従う義務

教職員はその職務を遂行するに当たって、法令、条例、地方公共団体の規則及び地方公共団体の機関の定める規定に従わなければならない（地公法第32条）。国の定める法律や政令、省令、規則等および地方自治体の定める条例や規則では、公教育の執行に対してさまざまな規定がなされているが、教職員は当然それらの規定に従って職務を行わなければならない。時として「学習指導要領」は法的拘束力があるかという問いが出されることがある。学習指導要領は文部科学省が公示する教育課程の規準であり、学校教育法施行規則第52条に小学校の教育課程について、「この節に定めるもののほか、教育課程の基準として文部科学大臣が別に公示する小学校学習指導要領によるものとする。」と規定されており、法的拘束力があるという最高裁の判例もある。なお、中学校については第74条、高等学校については第84条に同様の規則が定められている。

また、教職員はその職務を遂行するに当たって、上司の職務上の命令（職務命令）に忠実に従わなければならない。上司とは、教育委員会や学校の管理職および主幹教諭（神奈川県においては総括教諭）がこれに当たる。職務命令の範囲については、学校運営の上で必要なあらゆる仕事（校務）を指すだけでなく、職務の遂行に必要なものと認められる限り、私生活に関連する内容や行動（服装や宿泊研修等において宿泊をすること等）をも含むのである。「命令」には法的拘束力が伴うため、特別な場合にのみ書面等で発出されるものであると理解するかも

しれないが、職務命令の形式に制限はなく、口頭により行うこともできる。日常の業務で最も身近な命令は「出張命令」であろう。出張は遂行の必要から通常の勤務地である学校を離れる業務として、校長からの命令によって行われる。出張業務が終了した場合には、出張の内容について速やかに校長に復命しなければならない。

また、職務命令とは区別されることもあるが、日々の業務の中で上司から出される指示や指導・助言も職務を遂行するために発せられるものである。業務を円滑に進める意味でも素直に受け止めて、上司や同僚との良好な関係を保ち、積極的に業務に励むことが望まれる。

職務に専念する義務

教職員は特別の定めによって例外が認められる場合を除き、勤務時間中は、職務上の注意力のすべてを自己の職務遂行のために用い、勤務している学校がなすべき職務にのみ従事しなければならない（地公法第35条）。また、正当な手続きを経て職務専念義務が免除されないまま勤務時間中に私用を行うような行動があってはならない。例外が認められる特別の定めとは法律または条例に定められており、具体的には休職、停職、育児休業、休日および休暇などである。勤務時間中に私用を済ませようとする場合には、有給休暇等の取得を申請して所属長の決裁を受けなければならない。例えば、出張命令を受けて校外での会議に出席した後に、その日の昼食の用意をしていなかったことを思い出し、学校に戻る途中で昼食を購入したとする。その時間帯が休憩時間にあたらない勤務時間内であれば、昼食の購入という私的な行為は職務専念義務に違反したということになる。出張先から勤務校に戻る時間は出張業務の途中であり、速やかに勤務校へ戻ることに専念しなければならない。それが、たとえ1、2分で済む所用であったとしても、私的に使用して良い時間ではないのである。学校で勤務をしていると「職専免」という略語に接する機会も多いだろう。これは「職務専念義務の免除」という語を省略したものであるが、前提にあるのは当然のことながら「職務専念義務」である。まず義務を履行した上で「免除」があるということを忘れてはならない。職務専念義務に関して注意すべき事例を1つ挙げる。夏季等の長期休業期間中に校長の承認を得て実施する「職専免による研修」（教特法第22条第2項）

である。「勤務場所を離れて」行うことが認められたとしても、あくまでも研修のために認められたのであり、その時間帯は研修に専念しなければならない。自己の用務や休養に充てる等といった行動は許されるものではない。教特法の第21条～第25条の3には「研究と修養（研修）」について定められているが、研修は職務であるということを決して忘れてはならない。

3. 身分上の義務と教育現場での問題

「職務上の義務」は文字通り公務員としての勤務時間内に係る規定であるが、次に説明する「身分上の義務」は、勤務時間の中だけでなく、公務員である限り24時間常に守らなければならないものである。また、中には公務員という職を辞した後でも、いうなれば生涯をかけて守らなければならない義務もある。このような義務が課されるという点で、公務員という職業は「窮屈」な職業であると言えるかもしれない。

信用失墜行為の禁止

全体の奉仕者である公務員は、その社会的地位の特殊性から一般国民以上に高度の倫理性と行為規範を持つことが求められている。万が一、非違行為や不祥事等を起こした場合には、その当事者が処分を受けるだけでなく、全体の奉仕者としての公務員の職自体の信用を傷つけることとなり、公務員全体の不名誉となるのである。そのため、職員個人の行為規範だけでなく、公務員という職業全体に対する信用を失墜しないように、という禁止事項が法規定されているのである（地公法第33条）。

具体的にどのような行為が信用失墜行為に該当するかということについては、一般的な基準がある訳ではないが、社会通念に基づいて個々の事案を判断していく。地公法で規定されている義務に違反するようなものや他の法令に対する違反は間違いなく信用失墜行為に該当するが、法令違反ではないものでも公務員としての信用失墜行為に該当すると判断される場合もある。例えば交通事故等の事案で減給や停職1月程度までの比較的軽い処分の場合、その根拠が「信用失墜行為」となっている事例が多い。一般に公務員、特に教育公務員に対する社会の目

は厳しいものであり、高い職業倫理が要求されている。教員の不祥事は、その事案と関わりのない者に対しても厳しい意見が寄せられたり、マスコミの論調が厳しくなったり、全体の信用を失墜させることになるのだ、という意識を一人ひとりが持つことが求められるのである。

秘密を守る義務

　教育公務員にとって最も身近でかつ重要な義務が「秘密を守る義務（守秘義務）」であると言って良いであろう。この義務は、職務上知り得た秘密を守ることを義務づける規定であるが、条文にもあるとおり、この義務は「その職を退いた後も、また、同様」（地公法第34条）に守らなければならない。

　特に教職員は、担当する児童生徒に関してさまざまな個人情報を入手するものである。現在の様子だけでなく、過去の情報（前籍校での状況や成育歴、病歴等）も含まれることがあるし、そのことが現在の教育活動にとって重要である。児童生徒の病歴やアレルギー体質等については、養護教諭だけでなく学級担任や関係する教員も情報を共有していなければ、発症・発病や緊急時に誤った対応をしてしまうことにつながりかねない。また、保護者等と連絡・連携を取る必要から、家族環境等を知る機会も出てくる。とはいえ、このような個人情報は、慎重な取扱いが求められるものである。

　個人情報の保護については2003年に成立した「個人情報の保護に関する法律」だけでなく、地方自治体でそれぞれ条例や規則を設置している。その内容を理解した上で、情報の収集や保管、また、確実な破棄に関するルールを遵守しなければならない。ところが学校という職場では、個人情報に接することがあまりにも日常的すぎるため、情報管理や秘密保護の重要性に対する感覚が麻痺してしまった結果、重大な事故や不祥事につながることも少なくない。

　ほとんどの学校では、教員個人の業務用の記録として「教務手帳」といったノートを使用する。そこには、学級や授業担当をしている児童生徒の名簿、出欠記録、学習活動の記録や試験の素点等、児童生徒に関するさまざまなデータが記録され、各教員にとっては日常の教育活動を支えていく重要な資料になる。多くの場合はそのノートを常に携行して授業等に赴き、職員室等でも個人の責任で保管している。時として、教卓にノートを開いた状態で生徒と面談等を行っている

際に、別の生徒がノートの内容を見てしまった、といった事態が生じる可能性がないわけではない。カメラ機能の付いたスマートフォンや携帯電話がごく日常的なツールになっている現代では、教務手帳に記録されていた個人のデータがデジタル画像として流出してしまうといった事故は、一瞬の油断でも起こりうるのである。

　また、「USB メモリの盗難や紛失に伴う情報流出」といった不祥事も根絶できていない。学期末の成績処理等を行うために、学校から持ち出したメモリが盗難にあった。そのメモリの中には担当している児童生徒のさまざまな個人データが記録されていた、といったような事案がある。中には、メモリ内に前任校の生徒の情報まで入っていた、といった報道がされたこともある。原則として、データの校外持ち出しは禁止されており、やむを得ない場合の方法や管理のルールが各学校で定められている。ところが、報道された不祥事等では、学校のルールに従わないで個人所有のメモリを使っていたという事例も多く見られる。前任校時代のデータまで流出した事例などに明らかだが、このような不祥事を起こした教諭は日常的にメモリで個人情報を持ち歩いていたことが予想される。「校内の手続きが面倒」「今までも大丈夫だった」といった油断、そして極めて秘匿性の高い情報を日常的に扱っていることへの馴れや危機感の欠如が不祥事につながっていくのである。

　校内で、業務上の必要に応じて児童生徒の情報を同僚と共有することがあるが、そのことが情報の流出につながる危険性もしっかりと認識しなければならない。一例として、通勤途上の交通機関の中や、退勤後の飲食店での同僚との会話が他者に聞かれてしまうことがあるといったことにも神経を払うことが求められる。「人の口に戸は立てられぬ」という諺があるように、一度漏れ出した情報を留めることはできない。たとえ自分の家族に対しても、職務上知り得た秘密や個人情報を口にすることがあってはならない。

　児童生徒のメールアドレスは不必要な個人情報として収集が制限されるべきものである。ところがルールに反して収集したメールアドレスを元に生徒と個人的なやり取りを重ねた結果、不祥事につながっていった事例は、残念ながら少なくない。また、Facebook やブログ、ツイッター等への安易な書き込みや児童生徒個人が特定できるような画像のアップが、取り返しのつかない事故につながる

こともある。しかも、デジタルデータは一度流出すると、回収廃棄することが不可能である。ネット社会におけるデータの危険性を十分に理解し、慎重に行動することが教育公務員には求められる。教師はSNSやブログ等は一切利用しない、くらいの職業的倫理観を持った方が良いだろう。「守秘義務」は極めて重要でありながら、誰もが失敗を犯しやすい項目であることを常に意識してもらいたい。

政治的行為の制限

　公務員に対しては、全体の奉仕者として公共の利益のために勤務するという職責から、一定の政治的活動や選挙運動が制限・禁止されている（地公法第36条）。特に教育公務員は、教育活動を通して心身共に未成熟な児童生徒に対する強い影響力があることから、一般の地方公務員以上に政治的行為の制限が課されている。「教育の政治的中立」という原則に基づき特定の政党の支持または反対のための政治的活動が禁止され（教育基本法第14条2項）、公立学校の教育公務員の政治的行為の制限については国家公務員法第102条および人事院規則14-7によることとされ（教特法第18条）ている。この制限は公務員としての身分を有する限り、勤務時間の内外を問わず適用され、休暇取得中などの、現実に教員としての職務に従事していない状況でも制限されるのである。一個人として、思想の自由や政治的信条を持つことは保障されるが、そのことを教員という職務において明らかにすることは認められず、政治的中立を保たなければならない。

争議行為等の禁止

　地公法では地方公務員の争議行為（同盟罷業「ストライキ」や怠業「サボタージュ」等）を全面的に禁止している（地公法第37条）。その根拠は全体の奉仕者である公務員という地位の特殊性、職務の公共性にある。とはいえ、公務員も勤労者であるから、憲法第28条に規定されている勤労者の3つの権利（労働基本権）は保証されるべきものである。その制約の代償機能をはたし、人事管理の公正中立と統一を確保する目的で、国においては人事院、多くの地方自治体には人事委員会という行政機関が置かれている。
　また、教職員に係る職員団体の活動においても一般の労働組合とは異なって争議権を有しないのである。

営利企業等の従事制限

　地方公務員について、勤務時間の内外を問わず、営利企業等に関わることが制限されている（地公法第38条）。全体の奉仕者が、一部の利益を追求する営利企業の活動に関与した場合、一部と全体との利害関係が発生すると共に、公務員としての公正な勤務の執行を妨げることになるからである。制限される行為としては、①営利を目的とした私企業等の役員等になること②自らが営利を目的とする私企業を経営すること③報酬を得て事業や事務に従事することの3点が規定されている。このうち、3点目の制限に関して、問題となる事案が生じやすいので、充分に注意をすることが必要である。

　教育公務員は特例として兼職・兼業ができるという規定がある。教特法第17条に、本務の遂行に支障がないと任命権者が認める場合には「教育に関する他の職を兼ね、又は教育に関する他の事業若しくは事務に従事すること」ができるとされている。このような特例が設けられているのは、教育の専門家である教員の持っている知識や能力等に関して、他に適格者が得にくかったり、長期休業期間があったりといった勤務の特殊性があることによる。教特法にいう兼職・兼業は、学校教育や社会教育等に関して非常勤の職に就くことや、教育委員会で教育事務に従事したりすること等をいう。

　いずれにしても、任命権者が認めた場合に初めて可能になるのであり、事前に兼職・兼業届等の申請を行って承認されるという手続きが必要である。優れた教育実践者や、教科指導等に関して優れた識見を有している教員に対して、教育関係の講演依頼や、教科書等の執筆依頼が来る場合もある。その場合、必ず所属長に報告・相談の上、任命権者への必要な手続きを取らなければならない。「1回限りのことだから」とか「知人から個人的に依頼されたことだから」といった理由で無届けのまま依頼を受けるといったことがあってはならない。

4．服務に違反したら

　ここまで、教職員の服務について、法規定を中心に説明してきた。全国で教職員として日々の教育活動に従事している者は、小・中・高・中等・特別支援の各学校を合わせると、988,263名という数になる（2012年度学校基本調査　文部科学省）。

ほとんどの教員が職業的使命感を持ち、教育的愛情を持った高度な専門職として児童生徒への支援・指導に邁進しているが、中には、教員にあるまじき行為などの理由で、処分を受ける者もいる。

分限および懲戒については地公法第27条〜第29条に規定されている。分限処分は「勤務実績が良くない」「心身の故障のため、職務の遂行に支障があり、又はこれに堪えない」といった理由、およびその他の理由により職に必要な適格性を欠く場合に行われる。それに対して、地公法や教特法、および地方公共団体の条例・規則等に定められた服務規程に違反した者や「全体の奉仕者たるにふさわしくない非行」のあった者に対して下されるのが懲戒処分である。以下に、懲戒処分等の種類を示す。

懲戒処分等の種類

○免職…職員の身分を失う。
　※原則として退職手当の支給なし
　※教員免許状は失効または取り上げ
○停職…1日以上6月以下。職務に従事させずいかなる給与も支給なし。
○減給…6月以下の間、給料月額の10分の1以下相当額を減額。
○戒告…服務義務違反の責任を確認し、その将来を戒める。
　※法律上の処分ではないが、人事上の措置として「文書訓告」「口頭訓告」「厳重注意」等がある。

懲戒処分の対象者数は全国で860名、懲戒処分よりは軽いものとして下される人事上の措置としての「訓告」等を含めると4,319名になる（2011年度公立学校教職員の人事行政状況調査　文部科学省）。この人数を多いと考えるか、少ないと考えるか。99万人弱という教職員数と単純に比較すれば、年間の懲戒・訓告対象者は0.4％にすぎないという言い方もできるだろう。しかし児童生徒の健全な成長に大きな影響力を及ぼす職務である「教育」に携わる専門家が、1年間に4,000名以上も処分・指導を受けているということの悪影響を考えなければならない。

懲戒処分を受けた860名の事由について、上位3件は「交通事故」が全体の37.9％、「わいせつ行為等」が17.5％、「体罰」が14.6％となっている。

文部科学省の上記調査には、過去10年間のデータも載せられているが、処分・指導対象者数があまり変わっていないことは何よりも問題である。実名によ

る不祥事の記者発表や報道等がされ、そのたびに職場で注意喚起が行われているのに、事故や不祥事、非違行為が絶えないのはなぜだろうか。

　結局のところは、教職員一人ひとりが他者の非違行為をどれだけ自らのこととして考えられるか、ということになるのであろう。例えば、自ら望んで交通事故や交通違反を起こす者はいないが、年間に2,600名以上が処分・指導を受けている。しかも、その中には飲酒運転による処分者が84名もいるのである。道路交通法の改正が繰り返され、飲酒運転等の厳罰化が進むだけでなく、免職になるなど、懲戒処分も重くなっているにもかかわらず、この処分者が絶えることはない。こういった状況の背景には「自分は安全だ」「今までも大丈夫だったから、今日も大丈夫だろう」といったまったく根拠のない発想や、過去の処分・指導事例を知っても「他人事」としか考えていない意識の甘さがあるのだろう。「他山の石以て玉を攻（おさ）むべし」という古来の格言を、教職員一人ひとりが座右に置くべきではないだろうか。

　懲戒処分等が下されると、本人にとって大きな不利益があるだけでなく、その悪影響は本人の家族にも及んでいく。また、職場においては、処分者の業務の穴埋めを周囲の同僚が行わなければならない。そして何よりも、処分者を「先生」と呼んで指導を受けていた児童生徒がどう思うのか。事案によっては、児童生徒が被害者として心身に深い傷を負うこともある。「停職1月」といった処分を受け、その後に研修等を受講してから職場に復帰したとしても、不祥事を犯す前とはまったく異なった環境の中で、その教員は再出発をしなければならない。それまでは「先生」と慕ってくれていた児童生徒から冷ややかな視線を浴びせられるかもしれないし、保護者から厳しい意見が寄せられることも少なくない。

　教育者という職務は、児童生徒、保護者、そして広く国民からの信頼があって初めて成立する仕事である。そしてその信頼は無条件に寄せられるものでは決してなく、諸先輩が営々と積み上げてきたものの上に立っている現在の教員一人ひとりが、さらに不断の営みを行うことでようやく保ちうるものである。そして積み上げてきた信頼を壊すのは、1件の不祥事で済むほどに、実に簡単である。教員という職業の持つ社会的責任を深く自覚すると共に、私生活も含めた自らの在り方を常に律していくように心がけ、行動することが常に求められるのである。

5. 非常事態に際して、何を優先するか

　2011年3月11日に発生した東日本大震災が未曾有の大惨事となったことは、未だに記憶に新しいところである。被災の中心となった岩手・宮城・福島3県における大きな被害と、復興に向けた歩みが多くの記録によって明らかになりつつある中で、学校および教職員の果たした役割は極めて大きいと言えるだろう。一例として国立教育政策研究所監修の『震災からの教育復興』では、被災地において学校という組織が、児童生徒の生命を守るためにどのように取り組んだか、また、緊急の避難所としてどのように運営されていったか、そこで教職員がどのように献身的に取り組んできたかということが語られている。

　また、東北地方ほどの被害はなかったものの、例えば交通網が麻痺状態になった首都圏の学校で生徒の保護や帰宅指導にどう取り組んだか、学校を頼ってきた「帰宅難民」にどう対応したか。また、大震災の教訓をその後の学校経営、防災体制の整備にどのように生かしているか、学ぶべきことは多い。

　何よりも覚悟すべきことは、災害等が発生した場合、教育公務員には全体の奉仕者としての行動が求められる、ということである。第1に、児童生徒の保護を行うこと。第2に、児童生徒を安全に保護者の元に返す方途を探ること。第3に、学校の重要書類やデータを確実・安全に保管し続けること。第4に近隣住民の保護等に最大限の協力をすること。第5に、地方自治体等との連携の中で、避難所としての学校施設の提供や避難所運営への協力を行うこと。数え上げればきりがない程に、教員に期待されることは大きい。

　大きな災害が発生した場合には教員自身が被災者でもある。自分自身だけでなく、自宅や家族が大きな被害を被っている可能性もある。しかし、そこで優先すべきは教育公務員としての行動である。直接的には大きな被害がなかった場合でも、例えば震度5強以上の地震が発生したら速やかに所属に緊急参集しなければならない、といった規定が設けられている場合もある。「服務」という語で説明する項目からはやや外れるかもしれないが、非常事態に際して、まさに全体の奉仕者としての行動を求められるのが教員という職業であることは、ぜひ覚悟しておかなければならない。また家族や親族に対して、そのことへの理解を求めておくことが必要である。

ここまで公務員としての教員の立場を中心として服務について述べてきたが、私立学校に勤務する立場であったとしても、「教員」という職業が本質的に持っている児童生徒に対する責任や、保護者を中心とする国民の期待は公立学校教員と何ら変わるところはない。教員という職にある限り、勤務時間外に職場を離れた立場であっても、求められる行為規範は民間企業に勤める社会人よりも一段と厳しいものがある。また、事故や不祥事が発生した時の反動の大きさは、新聞報道等の扱いでも明らかである。その意味で、教師は「窮屈」な職業であると言わざるを得ない。ただ、その窮屈さを超えて、なお教員という職業の持つ魅力や、生涯を費やすに足るやりがいがあることも間違いがない。高い使命感と責任感、教育的愛情を持って教員という職業を選ぶ者にとっては「窮屈」であることは取るに足らないものであるのかもしれない。

（白倉　哲）

文　献

① 文部科学法令研究会監修『文部科学法令要覧』ぎょうせい、2012 年。
② 学校管理運営法令研究会編著『第五次全訂新学校管理読本』第一法規、2009 年。
③ 角替晃・成田喜一郎編『必携！教師のための個人情報保護実践マニュアル』教育出版、2005 年。
④ 国立教育政策研究所監修『震災からの教育復興』悠光堂、2012 年。
⑤ 阪根健二編『学校防災最前線』教育開発研究所、2012 年。

第4章 子どもが主役の授業をつくる
―学びのコーディネーターとしての教師―

1. 授業をつくる

「授業」について、人はどのようなイメージをもっているだろうか。教師が教壇に立ち話す姿、黒板に書かれた文字をノートに写す児童生徒の姿、あるいは意見交換をする児童生徒等々、それぞれにイメージするものはあるだろう。

今求められているのは、児童生徒が自分で考え、学び合いによって自身の考えを深めていく授業、つまり、「子どもが主役の授業」である。

そのために、教師は授業をコーディネートするのである。学びのコーディネーターとして、児童生徒が授業の目的を理解し、主体的に学習活動を進められるように、児童生徒の学習活動を支えていくのである。

授業の目的

授業は、児童生徒に力を付けるために行うものである。これまでに身に付けた力や今できることを把握し、これから身に付けさせたい力を明確にして実践を行い、個々の見方や考え方を変容させるのである。

わかる喜びのある授業

「知る」と「わかる」は違う。「知る」は、認識することを言い、「わかる」は理解することを言う。授業でめざすのは理解することであり、「わかる」ことである。

さらに、教師は、授業をとおして児童生徒に「わかる喜び」を実感させなくてはならない。どんなに丁寧に教えても、それが一方的な教え込みでは、児童生徒はわかる喜びを感じないだろう。児童生徒が、自分自身の課題を見いだし、解決していく中で納得してこそ、「わかる」を実感するのだ。

そのためにも、児童生徒が主役となる、主体的な学びをつくり出すことが重要

となる。

2. 今求められている授業

　全国どの地域で教育を受けても一定の水準の教育を受けられるようにするため、文部科学省では、学校教育法等に基づき各学校で教育課程を編成する際の規準を定めている。これを、「学習指導要領」という。

　「学習指導要領」は、社会の変化に合わせ、時代とともに変遷を遂げてきた。2008年1月の中央教育審議会の答申を受けて改訂された現行の「学習指導要領」では、「生きる力」を育むという理念のもと、知識や技能の習得ともに思考力・判断力・表現力などの育成が重視されている。

生きる力

　「生きる力」とは、知・徳・体のバランスのとれた力のことをいう。変化の激しいこれからの社会を生きるために、確かな学力、豊かな心、健やかな体をバランスよく育てることが大切とされている。

確かな学力
　基礎的な知識・技能を習得し、それらを活用して、自ら考え、判断し、表現することにより、様々な問題に積極的に対応し、解決する力
豊かな人間性
　自らを律しつつ、他人とともに協調し、他人を思いやる心や感動する心などの豊かな人間性
健康・体力
　たくましく生きるための健康や体力

学力の3要素

　学校教育法第30条第2項に、「生涯にわたり学習する基盤が培われるよう、基礎的な知識及び技能を習得させるとともに、これらを活用して課題を解決するために必要な思考力、判断力、表現力その他の能力をはぐくみ、主体的に学習に取り組む態度を養うことに、特に意を用いなければならない。」とあり、学習指導要領において学力の3要素が示されている。

第4章 子どもが主役の授業をつくる―学びのコーディネーターとしての教師― 39

学力の３要素
○基礎的・基本的な知識・技能の習得
○思考力・判断力・表現力等
○主体的に学習に取り組む態度（学習意欲）

言語活動の充実

　学力の３要素のひとつである「思考力・判断力・表現力等を育成する」という観点から、各教科における言語活動の充実が、今求められている。

　これからの社会を生きる児童生徒に必要なことは、論理的な思考や感性を働かせながら問題解決の方法を探り、自分の考えを自分の言葉で表現する力や、他者の考えを理解しコミュニケーションをとる力を身に付けることである。

　2008年１月の中央教育審議会の答申においては、次のような学習活動が重要であり、各教科において行うことが不可欠であるとしている。

---
① 体験から感じ取ったことを表現する
② 事実を正確に理解し伝達する
③ 概念・法則・意図などを解釈し、説明したり活用したりする
④ 情報を分析・評価し、論述する
⑤ 課題について、構想を立て実践し、評価・改善する
⑥ 互いの考えを伝え合い、自らの考えや集団の考えを発展させる

　上記の「①体験から感じ取ったことを表現する」では、体験的な学習活動の中で実感したことを言葉や絵に表したり、身体表現させたりする活動が言語活動として考えられる。また、理科の学習において、仮説を立てて観察・実験を行い、その結果を整理し、考察し、表現するといった学習活動は、「⑤課題について、構想立て実践し、評価・改善する」を実現した言語活動といえる。

　このように、各教科において、言語活動の充実を図り、言語活動をとおして児童生徒の主体的な学びを深めることが授業づくりに求められているのである。

3. 児童生徒の実態をつかむ

　主体的な学びをつくるためには、児童生徒の実態をきちんと把握しておかなくてはならない。児童生徒にとっての課題は何か、どのような学習活動を設定すれば課題が解決できるのか、授業の主役である児童生徒の実態をつかむことから授業づくりをはじめることが重要である。

実態把握の方法

　実態を把握するために、まずは、授業中の児童生徒の様子を観察することが大切である。例えば、課題を提示した際に児童生徒の反応を見て、なかなか取り組めないでいる児童生徒がいたときには、なぜ取り組めないのかを考えてみる。難しくて解答がわからないのか、書くことをためらっているのか、取り組みたくないのかなどさまざまな理由が考えられるだろう。このように、児童生徒の立場に立って理由を探ることで、実態を把握するとよい。

　また、授業前や授業後、さらに、授業以外の活動や放課後の様子等を見ることも必要である。児童生徒と一緒に遊んだり、会話を交わしたりする中で、児童生徒の興味・関心をつかむことも実態把握のひとつであり、授業づくりには欠かせない。

個に応じた指導

　一斉授業においても、一人ひとりの児童生徒に応じた指導が求められる。そのための、実態把握も重要である。既習事項は習熟しているか、何ができて何ができないのか、といった学習状況の把握に努め、これらのことを把握して、授業に臨むことが必要である。

　また、一人ひとりの児童生徒は、それぞれの学習観や学習スタイルをもっているので、それらを把握しておくことも必要となる。例えば、目で見て理解することが得意な児童生徒もいれば、耳で聞いて理解することが得意な児童生徒や、体を動かすことで理解しやすくなる児童生徒もいる。こうした実態に合わせて、掲示物を用意したり、テープを聴かせたり、動作を付けたりという具合に理解させるための工夫を考えて、授業をつくっていくのだ。

4. 単元（題材）による授業構想

　授業を行うためには、事前の入念な授業計画が必要である。
　児童生徒に付けたい力は1単位時間の授業を行うことで実現するものではなく、1単位時間の積み重ねによって実現するものである。そこで、授業の計画の際には、児童生徒がどのように力を身に付けていくのか、単元（題材）をとおした児童生徒の学びのプロセスを構想し、計画を立てることが重要となる。

単元（題材）で構想する

　単元（題材）とは、各教科の内容をある程度のまとまりで捉えたものであり、単元（題材）で授業を構想するとは、学習指導要領にある各教科・科目の目標や内容を実現するために、単元（題材）をとおして授業を考えることをいう。
　その単元（題材）で児童生徒に付けたい力を明確にして「単元（題材）目標」を設定し、「評価規準」、「学びのプロセス」、「評価方法」、「学習活動」等を順に構想していく。
　その際、児童生徒の姿を具体的にイメージして計画を立てることが必要である。

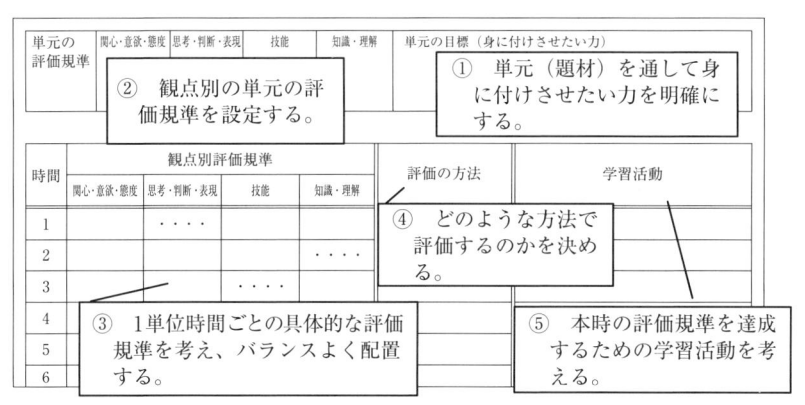

単元の評価規準	関心・意欲・態度	思考・判断・表現	技能	知識・理解	単元の目標（身に付けさせたい力）
② 観点別の単元の評価規準を設定する。					① 単元（題材）を通して身に付けさせたい力を明確にする。

時間	観点別評価規準				評価の方法	学習活動
	関心・意欲・態度	思考・判断・表現	技能	知識・理解		
1		・・・			④ どのような方法で評価するのかを決める。	
2			・・・			
3			・・・			
4	③ 1単位時間ごとの具体的な評価規準を考え、バランスよく配置する。					⑤ 本時の評価規準を達成するための学習活動を考える。
5						
6						

　神奈川県立総合教育センターでは、単元（題材）による授業構想を手順に沿って行うための「単元構想シート」を作成している。
　児童生徒が学びを深めていくプロセスを考えて授業を構想する際の例として、参考にするとよい。

図4-1　単元構想シート

単元（題材）による授業構想の進め方

　まずは、「学習指導要領」にある教科目標や指導内容をよりどころとし、児童生徒に付けたい力を明確にする。児童生徒の実態を踏まえ「できること」、「もう少しでできそうなこと」、「改善すること（こうするともっと良くなること）」を整理して考えた上で、単元（題材）目標を設定するのだ。このとき、年間計画の中での各単元（題材）の位置付けや単元間の関連性を理解し、適切な内容となるよう配慮も必要である。

　次に、児童生徒に力が付いたかどうかを確認するための指標として、評価規準を設定する。目標実現に向けて、観点ごとに児童生徒の学習状況を捉えることが必要であることから、観点別の評価規準を設定する。設定の際には、単元（題材）の目標が実現した児童生徒の姿を「授業中にこんな姿が見られたらＢと評価する」という具合に具体的に想定するとよい。

観点別評価規準

「関心・意欲・態度」「思考・判断・表現」「技能」「知識・理解」の４つの観点で行う。ただし、教科の特性に応じて、異なる観点である場合もある。

　そして、観点別の評価規準が決まったら、どの場面で想定した姿が見られるか、どこで評価をするかを決める。単元（題材）による授業構想では、１単位時間にたくさんの評価規準を設定するのではなく、単元（題材）をとおしてバランスよく、しかも確実に実現していくように考えることが大切である。つまり、児童生徒に付けたい力がどのように積み重なっていくのか、学びのプロセスを考えることが重要なのである。

　最後に、児童生徒に力が身に付いたかどうかを、確認する方法を決める。どのような学習活動を設定すれば目標が実現した児童生徒の姿が見られるか、学習活動のどの場面で児童生徒の変容を見取るのか、また、努力を要する状況の児童生徒への支援をどうするのかなど、事前に想定するのだ。

　児童生徒の主体的な学びの場面を設定し、力を身に付けていく道すじを考えることがコーディネーターとしての教師の仕事である。

5. 子どもが主役の授業をつくる工夫

　単元（題材）による授業構想を行い、いよいよ授業を実践することになるが、児童生徒が主役となる授業を展開するためには、さらに工夫が必要である。

互いを認め合える雰囲気づくり

　児童生徒は、自分の考えを発信したい、そして認められたいと思っている。しかし、自信がもてなかったり、考えがうまくまとめられなかったり、あるいは恥ずかしかったりと、授業中に意見を言わずにいる児童生徒も多い。これでは、児童生徒が主役の授業とは言えない。

　教師は、失敗や多様な考えが認められる雰囲気を教室につくる必要がある。そのために、話を聞いてうなずく、相づちを打つ、意見を述べるといった聞く態度を育て、話したいことに寄り添い、話を引き出すように聞くといった聞き方の指導をするとよい。また、話し方や聞き方の約束、授業準備の仕方など、学習のルールを決めるなどの工夫もしておく必要がある。

課題の工夫

　授業で児童生徒が主役となるためには、児童生徒自身が追究したいと思える課題が必要となる。そして、その課題をとおして、それまで児童生徒がもっていた見方や考え方を変容させることを授業でめざすのだ。

　そのために、教師が設定した課題が、児童生徒自身の課題として捉えられ、解決に向けて主体的に取り組めるように、児童生徒の実態に合わせて、課題を用意することが必要である。

　また、課題を児童生徒に提示する際にもひと工夫したい。「今日はどんな勉強をするのかな」と児童生徒にわくわく感を持たせる工夫である。例えば、授業内容に関連する具体物を提示するとき、大きな袋に入れて教室に持っていく。児童生徒は袋の中身は何かが見たくなりわくわく感を感じるだろう。

　その際、教師の発問や指示も重要になる。袋に入れて持っていっても、ただ取り出すだけでは児童生徒のわくわく感は広がらない。その後の学習活動が主体的に進められるように、児童生徒の心をゆさぶる言葉掛けが必要だ。

わくわく感をもたせる工夫

児童生徒の興味関心を引くための課題提示の実践を紹介する。

◆すぐには見せない

提示する前にひと呼吸、もったいぶって見せるとよい。教師が隠してもっているとき、子どもたちは、「何だろう」、「見てみたい」と興味関心を抱くだろう。これがわくわく感につながる。

ポケットから出してみる

手品のように出てきたら、児童生徒は大喜びで、教材を注目する。

ポケットの中に入っているものを、クイズで当てさせてもおもしろい。例えば、教師がヒントを出してもよいが、ただ出すのではなく、児童生徒からヒントにつながる質問を受け付けて答える方法でやってみる。質問を考えたり、友達の質問を注意深く聞いたりする活動が自然と行える。

秘密の箱を用意する

教室に「秘密の箱」を置いておく。教師は、その中から、児童生徒に見せたいものを出す。授業で使う教材だけでなく、時には児童生徒指導で伝えたいことにつながるものを出して、話のきっかけづくりに活用してもよい。

◆前振りをしておく

次の授業で課題として提示したいことのヒントを、前もって伝えておく。そうすることで、授業への期待をふくらませることができる。

小学校1年生の生活科「秋をさがそう」の事例

「今日は秋をさがすよ」と授業のはじめに課題を伝えるのではなく、事前に児童が秋を探したくなるように問いかけをしておく。

前日の朝に、「校庭でいいもの見つけたよ。何だと思う？」と問いかけてドングリをポケットから出す。児童は、自分たちも見つけたいと思って、休み時間にドングリを探したり、放課後公園に出かけたりするに違いない。そして、ドングリ以外の秋を見つけたら、翌日、教師に報告するのを楽しみに登校してくるだろう。

こうして、興味関心を高め、わくわく感をもたせることで、授業に主体的に取り組めるのである。

第4章　子どもが主役の授業をつくる―学びのコーディネーターとしての教師―　45

学習形態の工夫

　学習活動を進めるには、そのねらいを実現するためにふさわしい学習形態がある。例えば、意見交流をする場面で、児童生徒の実態に応じてグループ学習やペア学習を取り入れる、問題解決学習の場面では、学級全体で意見を交流したりするなど、学習効果を高めるために形態の工夫が考えられる。

　その際に、机の配置も工夫するとよい。

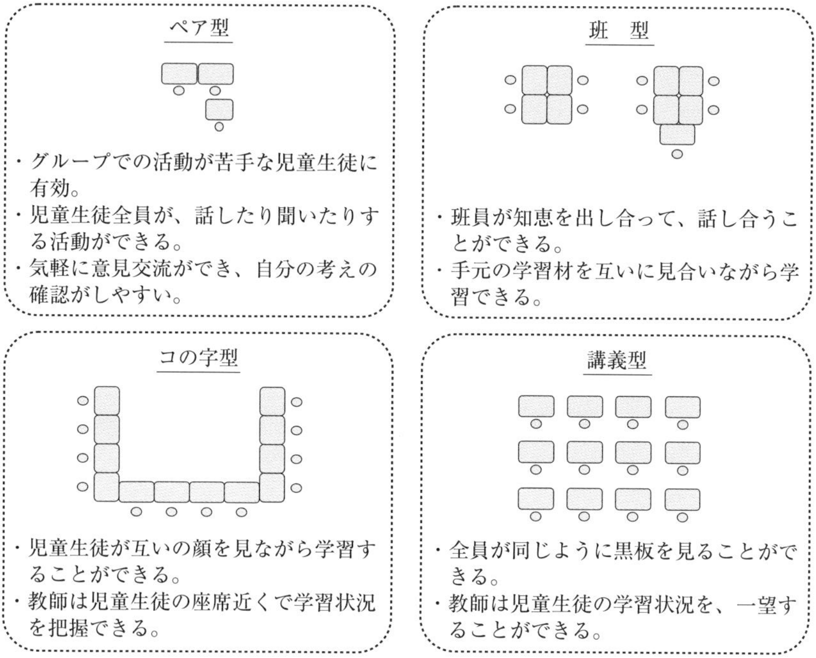

```
┌──────────────────────┐  ┌──────────────────────┐
│        ペア型         │  │        班　型         │
│                      │  │                      │
│   [図：ペア型机配置]   │  │   [図：班型机配置]    │
│                      │  │                      │
│・グループでの活動が苦手│  │                      │
│ な児童生徒に有効。    │  │・班員が知恵を出し合っ │
│・児童生徒全員が、話し │  │ て、話し合うことがで │
│ たり聞いたりする活動 │  │ きる。               │
│ ができる。           │  │・手元の学習材を互いに │
│・気軽に意見交流ができ、│  │ 見合いながら学習でき │
│ 自分の考えの確認がし │  │ る。                 │
│ やすい。             │  │                      │
└──────────────────────┘  └──────────────────────┘
┌──────────────────────┐  ┌──────────────────────┐
│       コの字型        │  │        講義型         │
│                      │  │                      │
│  [図：コの字型机配置] │  │   [図：講義型机配置]  │
│                      │  │                      │
│・児童生徒が互いの顔を │  │・全員が同じように黒板 │
│ 見ながら学習すること │  │ を見ることができる。 │
│ ができる。           │  │・教師は児童生徒の学習 │
│・教師は児童生徒の座席 │  │ 状況を、一望すること │
│ 近くで学習状況を把握 │  │ ができる。           │
│ できる。             │  │                      │
└──────────────────────┘  └──────────────────────┘
```

図4-2　机の配置の種類

　講義型の授業では、児童生徒全員が前を向いている場合が多いが、学習活動によって机の配置を換えることで学習効果が高められる。授業の展開によっては、途中で机を移動することも有効な場合がある。

言語活動の工夫

児童生徒が主役となった授業づくりには、児童生徒に思考力・判断力・表現力等を育成するために位置付けられた言語活動をコーディネートすることが欠かせない。そのための工夫が必要である。

まず、個々の考えをしっかりと引き出す工夫をする。考えをもっていない児童生徒に、意見が言えるはずがない。そこで、じっくりと考えをまとめさせるために、児童生徒に考える時間を保障するとよい。その際、考えるために必要な知識や情報等を理解させておいたり、さまざまな考え方ができる課題を用意したりといった配慮をする。

次に、考えを交流する活動の工夫が必要である。交流とは、意見を説明し、友達の意見を聞き、自身の考えを深められるようにすることである。例えば、グループでの意見交換の場を設定した際、1人の意見で話合いが進まないように、順番を決めて説明させたり、役割を決めて話合いをしたりするなどの工夫をしたい。

そして、交流活動の後で、もう一度自身の考えを振り返らせる。交流をとおして考えを深める活動にも工夫が必要である。

こうした一連の活動を、書かせたり、話し合わせたり、時にはICT機器を活用したりしながら、授業を進めることで、児童生徒の主体的な学びを展開していくことが重要である。

授業をコーディネートする工夫

授業をコーディネートするとは、どういうことだろうか。「コーディネート」とは、各部を調整して全体をまとめることであり、「コーディネーター」はその役目を果たす人のことをいう。これを授業にあてはめて考えると、児童生徒一人ひとりの考えや活動を調整してまとめることがコーディネートであり、その役目を果たすのが教師の仕事ということになる。

教師は、児童生徒の考えを引き出し、つなぎながら、深めていくのが仕事である。その際には、多くを語らず児童生徒の考えを聞き、考えをつなぐための言葉かけをするのだ。

そのために、どのような言葉かけをするかを事前に考え、児童生徒の反応を予想し、次にかける言葉を決めておくこと、話合いの展開を想定して授業に臨むこ

とが必要となる。
　授業の主役となった児童生徒は目を輝かせながら、学びを深めるに違いない。教師はその姿を見取り、さらに次の学びへと活動をつなげるコーディネーターの役割を担っているのだ。

（鈴木　美喜）

文　献
『高等学校初任者のための「授業づくりガイド」』神奈川県立総合教育センター、2012年。

第5章 「生徒指導」という仕事
― ケアする教師 ―

1. 生徒指導とは何か

　今、学校においては、少子化、都市化、高度情報化、家庭の教育力の低下といった社会状況の変化に伴い、子どもの社会性の不足、規範意識の低下などによって、児童生徒のさまざまな問題行動が発生している。

　そんな中で「生徒指導」というと、いじめ、暴力行為などの「問題行動への対応」のみを指すものと捉え、生徒指導の対象は、問題行動に関係した児童生徒のみと考えがちである。さらに、生徒指導は特別な事態が起きたときに行われるもの、専門的な力量をもった一部の教師によって行われるもので、そのためのノウハウだけが生徒指導の実践であるかのような狭い受け止め方も根強く残っている。

　しかし、そのようなイメージは生徒指導の全体像を正しく理解したものとは言えない。本来、生徒指導とは、児童生徒が自発的かつ主体的に自己を成長させていく過程を支援し、将来社会の一員として自己実現を図っていく大人へと育つよう促すはたらきかけのことである。このはたらきかけは、すべての児童生徒を対象に、授業や休み時間、放課後、部活動や学校行事等、学校生活の中のあらゆる場面を通じて行われるものである。児童生徒同士、児童生徒と教師の温かい人間関係を醸成し、魅力ある授業づくりや学級経営等により、児童生徒一人ひとりに自己有用感や自己存在感を体得させ、児童生徒一人ひとりの居場所があり、伸び伸びと楽しく過ごせる学校づくりに努めていくことが生徒指導の基本となる。

　なお、2010年3月に文部科学省より学校・教員向けに刊行された生徒指導の基本書と言うべき「生徒指導提要」には、小学校段階から高等学校段階までの生徒指導の理論・考え方と指導の実際が、時代の変化に即して網羅的にまとめられている。この中で生徒指導の意義について、「生徒指導とは、一人一人の児童生徒の人格を尊重し、個性の伸長を図りながら、社会的資質や行動力を高めることを目指して行われる教育活動のことです。すなわち、生徒指導は、すべての児童

生徒のそれぞれの人格のよりよい発達を目指すとともに、学校生活がすべての児童生徒にとって有意義で興味深く、充実したものになることを目指しています。」と記されている。

2. ケアリングという考え方

ケアリングと教育

「ケア」とは、日常的には、「世話をする、気遣う、手入れをする」といった意味で使われている。また、医療・看護・介護等の専門分野で対象者に行う行為・援助行為もケアという言葉が使われている。従来、学校教育においては、専門職の行為としてケアという言葉を使ってきた。例えば、養護教諭やスクールカウンセラーによる身体的・精神的なケアや、障害児教育において行われてきた医療的ケアである。ここでは、授業などの教育実践とは切り離されてきた。

しかし、哲学・倫理学研究においてケアリングという概念は、人間の普遍的な関係の作り方であり、「ケアとは関係性である」と言われるようになってから、ケアリングという言葉と教育実践が結びつくようになった。学校で起きる教育病理的問題は、日本に限らず大きな問題になっている。これは、現代社会がもたらした人間関係の歪みや他者とのつながりの脆弱化によるものだという指摘もある。これらに対し表面にあらわれた現象のみに注目して「治療」するだけの「対症療法」では根本的な解決にはならない。システム化されたストレス社会や人間関係の歪み、心理的居場所のない学校などの問題に取り組まなければ、根本的な問題解決にはならない。

今、この問題への解決策のひとつとしてケアリングが注目されている。現代の教育は「ティーチング」のみに力点がおかれることなく、「ケアリング」やそれに付随する「ヒーリング」機能が求められている。

ケアリング論の諸説

教育におけるケアリング論には諸説あり、さまざまに論じられている。ケアリング論の研究の先駆者であるメイヤロフは、ケアリングとは「ケアされる者」の成長および自己を実現することを援助することであるとしている。そして、教師

の生徒へのケアリングや両親の子どもへのケアリング等のそれぞれの間に「共通のパターンがある」として、個々のケアリングの相違点よりも、共通点を重視している。

メイヤロフが指摘するそれぞれのケアリングの共通点とは「他者の成長を援助すること」である。メイヤロフのいう「他者の成長を援助すること」としてのケアリングは、ケアされるひとを独立した人格と捉えると同時に自分自身の延長としての同一性の感情があり、ケアする者とされる者の密接な関係性を前提にしている。

一方ハルトは、「教育学的ケアリングについて」という論文の中で、教師と生徒の関係における教師の役割としてのケアリングについて述べている。ハルトは教育学的ケアリングの見地から、メイヤロフのような密接な人間関係性ではなく、「役割関係性内で行われる活動としてのケアリングこそ、教師にとって専門的に義務があるもの」としている。この教師を役割として強調するハルトの立場に対しては、メイヤロフもノディングズも否定的である。

ノディングズは、教師の役割は、第1次的にはケアリングにあり、ハルトのいうようなティーチングに関することは2次的なものであるとしている。またノディングズは「密接な人的関係性」と捉える点でメイヤロフと共通しているが、特徴としては、ケアされる人がケアする人に一方的に依存するのではなく、ケアする人とされる人とが、相互に関係し合い、ケアリングの関係を成立させていく連鎖構造をもったものであるとしているところである。ノディングズは著書『学校におけるケアへの挑戦』の中で「ケアすることとケアされることは根本的な人間のニーズ」であり「教師とはまずケアするひとである」として、役割としての教師である前に、ケアするひとであることが重要であると指摘しており、学校教育や教師のあり方を根底から揺さぶる考え方が注目を集めている。

ケアする者とされる者の関係性をはじめ、ケアリング論は諸説さまざまであるが、その相違を越えて共通する教育におけるケアリングの概念としては、「児童生徒を適切に気遣う配慮に基づき、児童生徒の成長と自己実現を援助する行為や態度」であり、教育の中にケアリングという考え方が浸透しつつあることは確かである。

生徒指導とケアリング

　教師は人と向き合っていく職業である。教師と児童生徒の間に、相互に理解し合い、安心して自己を表現できる関係がつくられていることが必要だ。相手への気遣いや心を寄せることなどケアリングのこころをもつことは、相手とより深くかかわっていくための前提であり、またそのことが教師として児童生徒の微妙な変化を正確に感じとれる力となる。生徒指導において、根底にあるのは教師と生徒の「関係性」であり、その関係構造の中から受ける影響は大きい。指導力を高めるとは単に小手先の技術を磨くことではなく、関係性を豊かにすることであり、「ケアする教師」であることは生徒指導を行う上での基本となる。

3. 生徒指導のキーワードと教師の役割

　2008年度改正の学習指導要領においては、小学校の場合、「総則」の「指導計画の作成等に当たって配慮すべき事項」(3)に、「日ごろから学校経営の充実を図り、教師と児童の信頼関係及び児童相互の好ましい人間関係を育てるとともに児童理解を深め、生徒指導の充実を図ること」が示されている。同じく中学校、2009年度改正の高等学校においても、「教師と生徒の信頼関係及び生徒相互の好ましい人間関係を育てるとともに生徒理解を深め、生徒が自主的に判断、行動し積極的に自己を生かしていくことができるよう、生徒指導の充実を図ること」が示されている。

　このことからも、教師は日ごろからきめ細かく児童生徒一人ひとりを把握し、人間的な触れ合いや共に歩む姿勢を示し、愛情を持って接することの重要性が示されていることがわかる。キーワードである「児童生徒理解」「教師と児童生徒の信頼関係」「児童生徒相互の好ましい人間関係」および「自己肯定感」について、教師に求められるものは何か、教師としての役割について述べてみたい。

児童生徒理解

　生徒指導は、「児童生徒理解に始まり児童生徒理解に終わる」と言っても過言ではない。「人は他人から理解され、分かってもらえたと思ったとき、心理的変容と人格的変容がある」（カール・ロジャース）というように、児童生徒も理解

され認められることによって心を開き、指導を受け入れようとする。

　規範意識、倫理観、保護者の価値観も時代とともに急激に変化している。また、一人ひとりの児童生徒は、それぞれ違った能力・適性・興味・関心等を持っている。生育歴や生活環境等も、それぞれに異なり、一人ひとりの言動や考え方に影響を与えている。児童生徒の背景を理解した上での、それぞれに応じた指導が必要である。それらを無視して、画一的、独善的に自分自身の経験や価値観だけで児童生徒を指導しようとしても効果を上げることはできない。生徒指導には毅然とした態度も必要であるが、その裏には、生徒の背景にあるものを知り、児童生徒を理解し、児童生徒の立場に立ってケアしていこうとする意識を持っていることが求められている。

　また、さまざまな言動から児童生徒個人や集団が発しているサインに気づくことも大切である。そこには、切なる思いや深い悩み等が含まれていることがある。教師は、それらをキャッチすることができる感性を常に磨かなければならない。教育活動全体を通じて多面的・客観的・総合的な児童生徒理解に心がけることが求められる。

事例１　母親のイライラのはけ口となりながら育ったＡ君

　高校１年の男子Ａ君は、体も大きくすぐ暴力をふるうためまわりの生徒から恐れられていた。勉強は苦手であるが、運動神経はよく、体育の時間は生き生きと活躍していた。ただ、教師に注意されてもけっして素直に謝らず、無視したり言い返したりするので、教師の間でも「困った子」という存在になっていた。

　ある日、何度言っても決められたことを守らなかったＡ君に対し、担任の先生が少しイライラしながら高圧的に注意すると、激高したＡ君は担任の先生の胸ぐらをつかんで殴りかかってきた。

　Ａ君の母親の話

　「事情があり赤ん坊の頃からＡを母親がひとりで育ててきました。Ａが幼い頃から、生活に対する不安やイライラをＡに当たり散らし、時には暴力をふるうことで紛らわせてきました。今思うとかわいそうなことをしたと思います。そのうち、Ａが大きくなり体力的にかなわなくなってからは、今度は顔色をうかがうように甘やかしてきました」

　問題行動にはさまざまな要因がある。周囲から大事に守られ、愛されて育てば、児童生徒は自分を取り巻く環境を「よいもの」と知覚し、他者の自分への働

きかけや言葉を信じ、他者に対する信頼感の基本となる。一生懸命働きかけても心を開かない、反抗的な態度を取る児童生徒の中には「人間のよさ」の体験が欠如している場合が少なくない。

また児童生徒を「困った子」「問題児」と教師が捉えていると、それは自然と本人に伝わるものである。乱暴に見えても本人が抱えているであろう苦しみを理解し支援していこうという姿勢が教師側にないと、指導は響かず反発だけが残ることになる。

さらに、社会性や対人関係能力は幼いころからの家庭でのしつけや地域の人々によって形成されたものであるが、現代では、家庭や地域の教育力が低下しており、現代の児童生徒の精神発達上の大きな問題となっている。

この事例を通してわかるのは、毅然とした指導は大切であるが、A君が抱える背景、生育歴や環境を理解した上での指導が求められているということである。「〜しない」と捉えるのではなく、「〜できない」「〜のやり方がわからない」と捉える視点も持って接していくよう心がけたい。さらに、A君が運動神経が良いところを生かして活躍できる場面を作るなど、自己肯定感を実感させる配慮も持ちたい。

教師と生徒の信頼関係

生徒指導を行う上で、根底には「人との関係性」があり、その中核概念としてのケアリングの視点が重要性を持っている。教師と子どもの間に、相互に理解し合い、尊重し合い、安心して自己を表現できる関係がつくられるよう、働きかけなければならない。

今日、家庭で親からの愛情を充分かけてもらえず、それゆえに大人を信頼できなかったり、自己防衛的に他の子に暴力的にかかわったり等の問題行動を起こす子どもたちがいる。こうした子どもたちとの間には信頼関係、親密で応答的な相互関係が求められている。教師はそれぞれの子どもたちの抱える状況を気遣い、共感的に受け止めながら、ケア的な関係を築いていくために、受容的な対話を行い安心感を形成していく必要がある。

例えば授業の中で、児童生徒への対応ということで言えば、児童生徒が教師の指導を受け入れるような関係性を築くことが必要である。その関係性を築く上で

大切なのは、日常の児童生徒の言葉や行動を受け止め、児童生徒からのシグナルに対して、個々のパーソナリティや置かれている状況に応じて、柔軟に対応していくことである。

事例2　ベテラン先生の戸惑い

　中学校の女性教師のB先生は教師になって、30年の大ベテランである。たいへん厳しい先生であるが、昔の卒業生の中にはB先生を慕って毎年、B先生の誕生日に花を届けてくれる生徒もいるくらい人気があった。B先生は自分の教育方針に誇りと自信を持って、30年間ずっと同じ姿勢で仕事をし、授業のスタイルも一貫して昔と同じで変えることはなかった。

　ところがB先生は、昔と違ってここ数年、だんだん生徒との関係が思うようにうまくいかなくなっていることをうすうす感じ始めていた。しかし、「それは生徒の側に問題がある。ブレないことが大切」と考え、昔と同じ姿勢で生徒に接していた。

　そんなある日、授業中居眠りをしている女子生徒を見つけ、いつものように厳しい口調でいきなり大声で注意をすると、その女子生徒は、一瞬なぜ怒られているのかわからないようで、キョトンとしていた。B先生が再度、きつい調子で注意すると、女子生徒は、大声で突然怒られたことに腹を立て、立ち上がると「授業がつまらないんだよ」と怒鳴りながらB先生に教科書を投げつけた。

　B先生にとって、そんな経験は30年間の教師生活の中で初めてで、たいへんショックを受けた。この件について、B先生は戸惑いながらこう言った。

　「私は30年間、自信を持って教育に携わってきました。それで今までずっとうまくやってきたんです」

　時代や社会の変化とともに生徒や保護者の考え方も変化する。教育には、変化しない本質的なものを大切にするとともに、変化を受け入れてそれに対応していく姿勢の両面が必要である。

　この事例からわかることは、教師は何年経験してもこれで完璧ということはないということ、時代の要請を敏感に読み取り、授業のスタイルや生徒との接し方についても常に自らを振り返る謙虚な姿勢が求められるということである。B先生の生徒との接し方、注意の仕方は適切だったのか、B先生の授業スタイルや内容は、今求められる授業のあり方だったのか等考えさせられる。教師は学び続けなければならない職業である。

児童生徒相互の人間関係

　学級は、スタート時はある程度機械的に公的に作られた集団である。その集団を、担任の教師をはじめその学級と関わる教師の適切な指導・支援によって学習活動や役割活動や行事への取組み等を重ねる中で、学級は単なる生徒集団から生徒それぞれの心の居場所へと変わっていく。

　学級だけでなく、学校における心の居場所とは、「児童生徒が安心できる、自己存在感や充実感を感じられる場所」のことである。「自己が大事にされている、認められている等の存在感が実感でき、かつ精神的な充実感の得られる場所」でもある。教師はきめ細かい配慮を行い、意図的・計画的に児童生徒が心理的に安定して帰属できる心の居場所づくりを進めていくことが重要である。

　さらにこれからの生徒指導においては、「居場所づくり」にとどまることなく、「絆づくり」を進めていくことが求められている。「絆づくり」とは、主体的に取り組む共同的な活動を通して、児童生徒自らが「絆」を感じ取り、紡いでいくことを指している。「絆づくり」を進めるのは児童生徒自身であり、教師に求められるのはそのための「場づくり」、いわば黒子の役割である。

事例3　障害を乗り越えて活躍したCさん

　中学3年生の女子Cさんは軽い発達障害があり、周りの状況を見ながら人に合わせて行動することが苦手なため、コミュニケーションが上手にとれず孤立していた。Cさんは勉強もスポーツも得意ではなかったが、体がとても柔らかく、ダンスには興味があったので、クラブ活動は新しくできたダンス部に入部した。

　ダンス部では文化祭で流行の曲に合わせて全校生徒の前で踊ることになった。ところがある日、部の中心となっている3年生部員たちが「Cさんが入ると全体の踊りが乱れる。文化祭にCさんを出すなら部をやめる」と顧問の先生に言いにきた。顧問の先生は話し合いの場を設け、3年生の話も聞きながら何とかCさんと一緒に踊るよう説得したが3年生部員は聞き入れず、全員、部をやめていった。顧問の先生の励ましもあり、Cさんと残った何人かの1、2年生は必死に練習を続けた。

　3年生はひとりなので、Cさんが部長になった。顧問の先生はCさんの体の柔らかさを生かした振り付けを考え、Cさんがソロで踊る場面を踊りの中に取り入れた。さらに文化祭当日、発表に先だって、部長であるCさんに、全校生徒の前でダンス部の取組みの様子についての説明をさせることにした。たどたどしい話し方ではあったが、教室でもほとんど発言することもないCさんが全校生徒を前に、一生懸命説明すると生徒たちは静かに聞いていた。

> 踊りが始まり、Cさんがソロで踊る場面では、全校生徒の手拍子で音楽が聞こえなくなるほどで、踊りが終わってからも拍手がいつまでも鳴りやまなかった。

　クラブ活動も重要な生徒指導の場のひとつである。教師が、試合の勝敗や成績（この事例の場合には、発表のレベル向上）のみに囚われた「結果至上主義」に陥ることなく、一人ひとりの特性を知り、個を認め生かしながら児童生徒を成長させようとする姿勢が、指導の効果を上げる。

　事例の場合、障害のあるCさんの活躍はCさんだけでなく、まわりの生徒たちの成長にもつながったと思われる。生徒相互のより良い人間関係づくりや居心地の良い学校の風土づくりには、さまざまな状況や生徒全体への影響を考えた上での教師の意図的、計画的な働きかけや仕掛けが求められる。

自己肯定感を育む

　生徒指導の根底に必要なのは、子どもたちが自己肯定感を高め、安心して自己表現できる場所を作り出していくことである。児童生徒の中には、「どうせ自分なんか何やってもダメ、だれも認めてくれない」「しかられてばっかりで自分はダメなんだ」と自信ややる気をなくしている者もいる。このような場合も含めて、自分の良いところを肯定的に認める感情、つまり自己肯定感をはぐくむことが大切である。さらに伸び伸びと学校生活を送るためにも維持したいのが、自尊感情である。自尊感情は、自分自身を大切にするとともに、他者のよさを認め大切にする気持ちにもつながる。これらのことから、自己肯定感や自尊感情は精神的な安定につながるだけでなく、共感的に理解し合う児童生徒の人間関係の基盤となると考えられる。

> **事例4　体育の時間の出来事　不登校になったD君**
> 　中学2年の男子D君の家族は、D君以外の両親きょうだいが皆、運動神経が良く、スポーツマンである。D君だけは、体を動かすことは苦手で、家の中で物をつくったり、機械いじりが好きで、教科では数学が得意である。学校ではいつも自信なさげで、笑顔が少ない生徒だ。スポーツ好きな両親は、活発で明るい他のきょうだいと比べてそんなD君を歯がゆく思っているようだった。

> ある日の体育の時間、サッカーをやっている時、D君はボールを蹴るつもりが、ボールに乗り上げ、尻餅をついてしまった。それを見ていたクラスの女子数人が大きな声で手を打って笑い転げた。その翌日から、D君は学校に来なくなった。

　児童生徒は、学校で安心して過ごせる、認められるといった体験が心のエネルギーの源となる。教師が「安心感を与える」「楽しさや充実感を感じさせる」「よく認め、ほめる」ことを通じて児童生徒の心のエネルギーを充足することが必要である。

　保護者との連携も欠かせない。D君はスポーツは苦手であるが数学が得意であるという強みを持っている。教師は、保護者に対し、親の価値観だけを子どもに押し付けるのではなく、本人の持っている得意分野を認めるよう働きかけ、積極的にD君の得意な部分をほめながら、一緒に見守っていくことも大切である。また、まわりの生徒への指導も重要である。D君のプレーに対し、笑い転げた女子生徒に対しては、相手の立場に立って考え行動すること、思いやりを持つことの大切さをていねいに教えながら、生徒全員にとって居心地の良い学校づくりにつながる指導をしていくことが求められる。

（杉坂　郁子）

文　献
① 　ネル・ノディングズ、佐藤 学 監訳『学校におけるケアの挑戦』ゆみる出版、2007年。
② 　中野啓明『教育的ケアリングの研究』樹村房、2002年。
③ 　文部科学省『生徒指導提要』2010年。
④ 　国立教育政策研究所『「絆づくり」と「居場所づくり」』2012年。

第6章 共に学び共に育つ
―子どもの支援者としての教師―

1.「困った子」から「困っている子」へ

　神奈川県では学校教育の基本的な考え方の1つに「共に学び共に育つ教育」の充実・推進を位置づけている。どの子どもでも、すなわち障害の有無にかかわらず、すべての子どもが適切な教育を受け、確実に成長していけるよう、子どもを中心とした学校教育環境を実現していこうという考え方である。この「共に学び共に育つ教育」の考え方に基づいて、神奈川県としての支援教育が推進されることになった。

「支援教育」の考え方

　2002年に出された神奈川県「これからの支援教育の在り方（報告）」の中で、支援教育とは「障害のあるなしにかかわらずすべての子どもを対象に一人ひとりが抱える困難な課題（教育的ニーズ）に応じた教育的支援」とされ、どの学校でも行わなければならない、個々の子どもを大切にする学校教育そのものであるとされている。つまり子どもたちの教育的ニーズをキャッチし、それに応じた支援をしていこうという方向性を明確に出したものである。

　しかし、子どもたちの教育的ニーズをキャッチするのは、それほど容易なことではない。というのは、子どもたちは、「困っている」という教育的ニーズのサインを、問題行動の形で表すことが少なくないからである。つまりしばしば学校では「困った子」として捉えられてしまうのである。

　例えば、小学校4年生で、いつも忘れ物の多いA君。この日までに提出するという大事な宿題を、今日も忘れてしまった。担任のB先生は、またか…とがっくりし、なんてだらしない子だろう、「困った子だ」と思うのは自然なことである。しかし、A君は、ちゃんと宿題を仕上げていたのである。きちんと出そうと思っていたのに、昨日夜遅くまでかかって仕上げたのに、ランドセルに入れる

のを忘れてしまったのである。こういうことが度重なり、A君は自信を失っていた。「なんて自分はダメな子なんだろう」と。

A君は「きちんと宿題を出さない困った子」ではなく「出そうとしているのに忘れてきてしまう、困っている子」だったのである。そう考えると、怒るのではなく、どうやったらA君がちゃんと宿題を持って来られるようになるか考えようという風に、B先生の見方も変化する。

支援教育の第一歩は、子どもの問題に出会った時に、「困った子」ではなく、「もしかしたらこの子どもは困っているのではないか」と考えてみるところから始まるのである。

その助けになるのが、ケース会議である。ケース会議とは、子どもの状況を把握し、支援方法を検討するための会議である。子どもについてのエピソードを集めて、その子どもの状態像を浮かび上がらせ、どんな子どもか見立て、どんなことに困っているのか、さらにどう支援をしていったらいいのかを考えていく。

子どもへの支援は子ども理解から

ある中学校で、生徒の問題行動に悩んでいて、ケース会議を行ったところから、教員の生徒理解が進み、生徒の行動の変容につながった事例を紹介する。

Cさんは、D中学1年生の女子である。中学入学時は緊張していたが、やがて慣れると、問題行動が出るようになった。徐々に授業中におしゃべりすることが増え、壁に落書きをしたり、つまらなくなると教室を抜け出して廊下で友達と過ごしたりするなど、ルールを逸脱する行為が増えていった。

担任のE先生は、Cさんに柔らかく接しており、個別の場面で注意されるとCさんは素直に話を聞くことができる。しかしE先生が、クラス全体の中で指導すると、Cさんは反発して、指導には従わない。だんだんにE先生とCさんの関係は悪くなっていった。

学年の教員もCさんに声をかけ、指導しようとしていたが、なかなか上手くいかない。Cさんは、ルールやマナーを指導しようとする者に対して、非常に強い拒否感を持っていた。

教育相談担当の教員（教育相談コーディネーター）が呼びかけ、担任のE先生、学年の教員を中心としてCさんに関わりのある教員、養護教諭、生徒指導

担当、スクールカウンセラーが入って、ケース会議を行うことになった。

　教員からは口々に、Cさんに指導をする際の難しさが語られた。様子を共有する中で、Cさんの保護者がひじょうに厳しくCさんにあたっていることや、家の様子を話すときにCさんが涙を流すなど、辛そうにしていたことなどが分かった。

　Cさんの逸脱行動の背景には、彼女が抱える何らかの辛さがあるのではないか。授業を妨害したり、教員に暴言を吐いたりするのは、Cさんが、自分がここにいていいのかを確かめている、お試し行動なのではないかという見立てになり、その後の対応について、教員で対応を共有した。

　そのケース会議を経て、E先生を始めとして教員のCさんへの見方は「ルールを逸脱する困った子」から「何らかの辛さを抱えていて、逸脱行動により自分の居場所を確認している子」へと変化した。そして教員の見方が変わったことで、たぶんCさんへの否定的な言葉かけが減ったのであろうか、彼女の逸脱行動は徐々に治まっていった。

2．発達障害の理解

　子どもの困っている状況を把握するには、発達障害の理解が欠かせない。

LD（学習障害）

　LDの子どもたちは、さまざまな感覚器官をとおして入ってくる情報を受け止め、整理し、関係づけ、表出するという脳の情報処理過程のいずれかに、十分機能しないところがあると考えられている。そのため、特定の学習活動に困難があり、教科や単元に対する取組みにばらつきが見られる。

　支援の方法としては、得意なところの能力を使って、苦手なところを補う方法を見つけることだと言われている。たとえば「書く」ことに困難がある場合は、漢字の学習は読めることを優先する、書く分量を減らす、その子どもが書きやすいマス目のノートを用意する、レポートや作文はパソコン使用を認めるなどの支援が有効である。また、教師が板書事項をプリントで渡したり、大事なところだけを示して、書く量を減らしてノートに写させたりすることなども支援となる。

ADHD（注意欠陥多動性障害）

　ADHDの子どもたちは、不注意、多動性、衝動性を中心的な特徴としている。集中困難や多動などの状態は幼児期から明らかであるため、「発達の問題」として考えられており、家庭での育て方や環境の問題で、このような状態になるのではない。ただし、虐待を受けたことでADHDのような症状を示す例も報告されており、慎重な背景理解が必要となる。

　ADHDの子どもたちには、環境調整が有効だと言われている。たとえば、教室では前面の掲示物を減らす、座席を前にするなどして視覚的な刺激を減らすことで落ち着いて学習できることが増えてくる。個別指導や少人数指導の時間を取り入れることで行動を調整し、教室で過ごせる子どももいる。

　また、衝動的であったり多動であったりする行動が、問題行動と捉えられ、周囲の人から叱られることが多くなりがちなので、叱責を減らし、賞賛を増やすことは子どもを安定させることにつながる。ごく当たり前の事でも、できたことをほめることで、子どもの意欲を高めることができる。

　症状を抑えるための投薬を行っている場合があるので、配慮すべきことについては保護者と相談する必要がある。

自閉症、高機能自閉症、アスペルガー症候群

　自閉症とは、「3歳位までに現れ、①他人との社会的関係の形成の困難さ、②言葉の発達の遅れ、③興味や関心が狭く特定のものにこだわることを特徴とする行動の障害があり、中枢神経系に何らかの要因による機能不全があると推定される」と文部科学省は定義している。

　「自閉症」といっても子ども一人ひとりには多様な特性がある。得意なことと不得意なことの差が一般の子どもたちより大きいのが特徴でもある。その特性を考慮し、得意なことをいかして活動できるよう配慮すると学習活動に参加しやすくなる。具体的な支援方法としてよく知られているのは「構造化」である。

　構造化には、決まった場所で決まった活動を行う「場所の構造化」、はじめと終わりを明確にしたり、次にやるべきことを提示したりする「時間の構造化」、学習や作業工程を写真などの視覚的手がかりで明示し見通しをもって行動できるようにする「作業の構造化」などがある。

自閉症の特性を念頭に置きながら行動観察を行い、本人と相談して、どういう状況であると学習がしやすいのか、どういう状況で行動上の問題を起こしやすいのかなどを踏まえて、指導の手だてを工夫する必要がある。

高機能自閉症やアスペルガー症候群の子どもたちは、どちらも知的発達の遅れは伴わないとされているが、コミュニケーションや社会性について自閉症の子どもたちと同様に課題がある。相手の気持ちや周囲の状況、雰囲気を読みとることが苦手なため、対人関係をうまく結ぶことができず、集団への不適応を示すことが多い。

具体的な支援として、その日の予定や授業の予定など、見通しが持てると安心して取り組める。体育祭、遠足といった日常の学校生活と違う場面では、見通しが持ちにくく、不安が高くなる場合があるので、事前に子どもや保護者と話し合い、不安を軽減することが大切である。

また感覚（聴覚、味覚、触覚など）の過敏さのある子どももいる。例えば、小さな音が気になって集中できない、特定の音が苦手、味や食感でどうしても食べられないものがある、決まった洋服しか着られないなどとしてみられることがある。そういった子どもたちには特性を理解しながら、少しずつ経験を広げたり、場合によっては、刺激を調整したりするなど適切な支援を行うことが必要である。

（アメリカ精神医学会が定めた新しいDSM-5においては、これらは自閉症スペクトラム障害として位置づけられている）

3.「気になる子」への支援

些細なことでキレやすかったり、学校を欠席しがちであったり、あるいは学習内容を理解することが難しかったりと、高等学校にもさまざまな課題を抱える生徒が在籍する。高等学校において、「かながわの支援教育」の理念を実現しようとしているF高等学校の実践を紹介する。

情報を共有する相談体制

生徒の困っているサインをキャッチするために、まず気になる生徒の観察を大切にしている。「いつも頑張っているあの子が、さっきの授業では机に突っ伏し

ていた」など、教科担当が授業中の様子を観察するのはもちろんであるが、「いつも昼食を友人と一緒に食べている生徒が、今日は１人で食べている」など休み時間の様子も観察している。

またいろいろな場面で、教員は生徒に積極的に声をかけている。「最近顔を見なかったけど元気なの？」「実は今ヤバいんだ」など、その中では生徒が困っていることが語られることもある。

さらに提出物、テストなどから、生徒の困難が把握されることも少なくない。漢字の書き取りに熱心に取り組む生徒が、小テストになるとほとんど書くことができないとか、問題行動を起こした生徒が、反省文を書くときに、自分の気持ちを書くことができないこともある。

そして教員が観察で得られた生徒の様子は、さまざまなところで話題にされ、情報が共有される。職員室の机の周り、昼食時の食事コーナー、あるいは廊下での立ち話もある。「さっきの時間、あの子がイライラしているみたいだったけど、何かあるのかなあ」「お母さんと喧嘩したみたいで、昨日家に帰っていないみたいなんだよね」などの会話がよく交わされている。

その情報の共有の中から、気になる生徒が浮かび上がり、対応を検討していくことになる。

ケースに応じた多様な対応

F高校でのある年の気になる生徒への主な対応は次のようなものであった。教育相談コーディネーターを中心とした週１度の打ち合わせで検討した事例について、事例別にどのような対応をしていたかを記載する。

①から④は、打ち合わせに挙がってくるきっかけであり、生徒の困っていることに対して、対応する記号は次の表の通りである。

保健室の対応、教育相談コーディネーターの対応	☆
スクールカウンセラーの面接	○
巡回相談	□
キャリアコンサルタントの面接	▽
外部機関との連携 （児童相談所、精神科医、保健所、中学校、警察署、特別支援学校）	◎
ケース会議	△

① 生徒指導（特別指導）の対応から

ストレスから人や物に当たってしまう	☆	○			
友人の悪口を言うことが止まらない	☆	○	□		△
授業に落ち着いて取り組めない	☆	○			△
友人関係のストレスを抱える	☆	○			
過度の暴力を振るってしまった	☆	○			
友人を噛んだ	☆		□		△

② 生徒の様子の観察から

| 学習にとりくみづらい | ☆ | ○ | □ | | △ |
| 周りから浮いている | ☆ | ○ | □ | | △ |

③ 生徒の相談から

友人関係に悩む	☆	○		▽	
異性との関係に悩む	☆	○			
友人からのいやがらせに悩む	☆	○			
クラスに友人がいない	☆	○			
ストレスから自傷行為をしてしまう	☆	○		◎	
親子関係に悩む	☆	○		◎	
死にたい	☆	○		◎	△
教室にいられない	☆	○		◎	△

④ 担任の相談から

親の対応（ネグレクト）に悩む	☆	○		◎	△
欠席がち	☆	○		◎	△
大量服薬	☆	○		◎	
家庭内暴力が疑われる	☆	○		◎	△

　F高校で、生徒がさまざまな問題行動から「困っている」サインを発し、それを教員がキャッチして対応している様子が伺える。生徒指導と教育相談は、対立する構図で語られることが多いが、F高校では、問題行動を起こす生徒は背景に困っていることを抱えており、支援が必要な生徒であるという認識が共有されて

いる。つまり問題行動を起こす「困った生徒」ではなく「困っている生徒」であるという視点で、指導内容が検討されると共に、必要な支援策が考えられている。教育相談と生徒指導が融合した状況であると言えるだろう。

学習支援の工夫

F高校の支援体制は、教育相談のみではない。生徒のニーズに合わせて、学習支援が展開している。

F高校には、基礎学力が不足していたり、授業に取り組むことが難しかったりと、学習に課題を抱える生徒が多く在籍している。そのような生徒への学習支援としては、授業中の支援だけではなく、放課後の個別支援が有効な場合が多い。F高校では、大学と連携し、大学生による学習支援ボランティアを導入して、教員と一緒に放課後の補習を行う体制が作られた。

生徒は、問題がちょっとできないと「全然分からない」と諦めそうになるが、教員や学習支援ボランティアがそばにいて励ますことで、取り組むことができる。また「私、中学校ではこれ解けなかったんだ」と嬉しそうな生徒もいる。生徒のモチベーションは徐々に高まり、楽しそうに補習に取り組む姿が見られた。

また、学習支援ボランティアは、生徒にとって自分の学習を心配し、支えてくれる他者の存在でもある。ボランティアと親しくなる中で、「中学の時までは、分からなくても放っておかれたんだ」と話す生徒もおり、心理的なサポートとしても意味があったと思われる。

その他にも、F高校には生徒のニーズに応じたさまざまな支援システムが作られている。外国につながりのある子どもたちには必要に応じて、日本語の補習や学習サポートを受けられるようにし、保護者を含めた三者面談の時に、通訳を確保する。また進路に悩む生徒のために、「キャリア支援センター」が作られ、卒業生も含めて、さまざまな相談に応じている。生徒のニーズに応じてさまざまな支援を展開している結果として、近年F高校の退学率は大幅に減少している。

4. 子ども支援の諸課題

　「これからの支援教育の在り方（報告）」の中では、支援教育の対象については、すべての子どもたちとする一方で「自らの力で解決することが困難な課題（教育的ニーズ）を抱える子どもたち」を優先的に支援の必要な対象であると位置づけている。

　支援教育の理念の広がりにより、各学校で、「自らの力で解決することが困難な課題を抱える子ども」への支援は広がりつつある。しかし、子どもやその家庭を取り巻く環境は悪化しており、子どもの抱える課題は、多様化・複雑化している。各学校だけの力では対応できない事例が増え、関係機関との連携が求められることが増えている。

　連携のためには、日常の連絡やケース会議の設定等、連絡を取り合い、相談する時間が必要であるが、学校で支援に関わる教員は、時間の確保に苦労しているのが実情である。支援に関わる教員の仕事を軽減し、時間に余裕を持って、子どもや保護者の話を聴く、外部との連携の準備をするなどの体制が望まれる。

　また、本来の対象としてのすべての子どもたちへの支援には、授業中の学習支援にさらに力を入れていく必要がある。子どもたちは一人ひとり分かりたい、学びたいという気持ちを持っている。それゆえ、学習に躓くことは、さまざまな不適応につながっていく可能性がある。個別支援だけではなく、授業中に一人ひとりの子どもがより学べるようにしていくことが必要である。

　それには、子どもたちの学ぶ様子を検討する授業研究が有効である。子どもがどういう場面で躓いているのか、どういうことがあればさらによく学ぶことができるのかを検討していく。

　それが授業を子どもたちの居場所にすることにつながり、学校が子どもたちの居場所になることにつながる。それは「個々の子どもを大切にする学校教育そのもの」であり、神奈川の支援教育の具現化である。

（浜崎　美保）

第 6 章　共に学び共に育つ―子どもの支援者としての教師―　67

文　献
① 　神奈川県立総合教育センター『支援を必要とする児童・生徒のために』2013 年。
② 　神奈川県立田奈高等学校編「文部科学省指定研究開発学校　研究開発実施報告書」2011 年。
③ 　財団法人・神奈川県高等学校教育会館教育研究所「ねざす No49」2012 年。

第7章 学ぶ集団をつくる
―学級経営という仕事―

1.「学級経営」とは何か

「学級経営」の定義

　学級に関する教育活動は、学習指導要領（小・中学校：2008年3月告示、高等学校：2009年3月告示）では、小・中・高等学校ともに「特別活動」に位置付けられ、小・中学校は「学級活動」、高等学校は「ホームルーム活動」と称する。その目標は、「学級（ホームルーム）活動を通して、望ましい人間関係を形成し、集団の一員として学級（ホームルーム）や学校におけるよりよい生活づくりに参画し、諸問題を解決しようとする自主的、実践的な態度や健全な生活態度を育てる。」である。

　また、「学級（ホームルーム）活動」の、小学校の内容の共通事項（1）と中・高等学校の内容（1）は、ほぼ同一で以下の通りである。

(1) 学級（ホームルーム）や学校の生活づくり
　ア　学級（ホームルーム）や学校における生活上の諸問題の解決
　イ　学級（ホームルーム）内の組織づくりと仕事の分担処理（自主的な活動）
　ウ　学校における多様な集団の生活の向上　　　　※（　　）は高等学校

　『生徒指導提要』は、これらを「自発的、自治的に自分たちの生活上の諸問題を見いだし、学級会などの話合いを通してよりよく解決し、充実した学級や学校生活の創造に取り組む活動」と定義する。

　もちろん、「学級経営」は、「学級（ホームルーム）活動」の指導だけを指すものではない。河村（2010）は、「英米の学級集団は、学習集団としての機能体の特性が強い」のに対し、「日本の学級集団は共同体の特性を有し、同時に学習集団としての機能体の役割も担っている」とし、「学級集団は所属する子どもたちにとって1つの小さな社会であり、そのなかで子どもたちには班活動や係活動、給食や清掃などの当番活動、さまざまな学級行事、学校行事への学級集団としての取組みなどが設定されている」と日本の学級集団の特性を述べる（河村、

2010、pp.14-15)。「学級経営」は、基本的に学級をベースに行われる学習指導、特別活動と子どもたちの人間関係づくりや生活指導、教室環境の整備などをはじめとして、保護者との連携、学級に関する事務処理なども含む多岐にわたる業務の総体である。

「学級経営」の目指すところ

　学級は、子どもたちにとって多分にストレスフルな場所になる可能性がある。
　子どもたちは、学級のメンバーや担任をはじめとする教師を選ぶことができず、さらに集団の中より、1人でいるのを好む子どもも含めて、誰もが集団の一員としての立場を自動的に与えられてしまう。核家族化・少子化の進む中、集団で生活する経験に乏しい現代の子どもたちにとって、学級が居心地のよい場になるとは限らない。加えて、学力など諸々の能力差が、同年齢の集団においては、顕著に「競争」という形で現れることもストレスの原因となる。子どもたちをいじめ加害に向かわせる背景にさまざまなストレスがあることもよく知られている。学級という集団の持つ、このような性質を踏まえると、「学級経営」の目指すところは、子どもたち同士が適切な人間関係を構築し、自主性を育みつつ、自分らしさを発揮してそれぞれの目標を達成できるようにすることではないだろうか。
　筆者は、自分自身の「学級経営」の経験を踏まえ、子どもたちの学級における目指すべき姿を次のようにイメージしている。

〇学級の誰もが、誰とでも以下のように交流できる状態

> ① 「おはよう」「じゃあね」などの基本的な挨拶ができる。
> ② 親和的に会話をしたり、ルールを決めて遊ぶことができる。
> ③ 勉強がわからない時は、お互いに質問したり教え合ったりすることができる。
> ④ 友達を思いやる気持ちが強く、お互いに相談することができる。
> ⑤ みんなで協力して清掃活動や行事などに取り組める。
> ⑥ お互いに注意したり、間違ったことを堂々と指摘できる。
> ⑦ お互いの個性が尊重され、安心して発言したり行動できる。

　逆に、望ましくない姿は次のようなものであろう。

○小グループが乱立し、部分的にしか交流が成り立たない状態

> ① 挨拶や会話が、特定の子ども同士でしか交わされない。
> ② 学習活動が個人単位で、ランク付けや競争の意識が強い。
> ③ 他者の陰口や悪口を言ったり、揶揄するような言動が多い。
> ④ 学級の仕事を押し付け合い、協働する雰囲気が希薄である。
> ⑤ 周囲から孤立した子どもがいる。
> ⑥ 心理的、物理的な攻撃を受け、精神的な苦痛を感じている子どもがいる。
> ※文部科学省「いじめ」の定義を援用。

　これらを整理すると、「学級経営」の目標は、誰もが自己有用感を持つことができる「居場所としての学級」づくりということになろう。もちろん、発達段階が進むにつれて、自我の確立、個々の価値観の相違が顕著になるので、「誰もが、誰とでも」は難しくなるが、筆者は担任した学級の生徒たちに、「無理にではなく、緩やかにつながろう」と提案してきた。子どもたちの実態や意識をキャッチしながら、学級の目指す姿を明確化し、具体的に子どもたちに示すことが教師の役割であろう。

組織的な「学級経営」

　かつて、「学級経営」は個々の担任に任され、それぞれの信条に従ってその基準が作られていた。その極端な姿が、いわゆる「学級王国」である。そうした担任の手法は、到底他の担任と共有され得るものではなく、次年度のクラス替えで新たにその学級の一員となった子どもたちを混乱させることは自明である。
　今求められるのは、組織で取り組む「学級経営」であり、それは担任を中心に、学年の教師、教科担当、養護教諭など、その学級に関わる教師すべてが参画することで実現される。
　神奈川県立総合教育センターは、2009年度から3年間にわたって「不登校対策に係る調査研究」に取り組み、「魅力ある授業づくり」と「居心地のよい学級づくり」を実践する、県内の小・中・高等学校の事例を収集した。その中には、教科担当が、職員室に常置してある記録用紙に授業中の学級や気になる生徒の様子をメモし、次の時間の担当者につないでいく中学校の取組がある。また、別の

第7章　学ぶ集団をつくる―学級経営という仕事―　71

中学校では、すべての教師が自分の関わる生徒の様子を「気づきのシート」と称するチェックシートに記録し、担任がキャッチしきれない生徒の変化を、教科担当、養護教諭、部活動顧問等の観察によって明らかにして「学級経営」を支える取組もある。いずれも、学級と子どもたちの様子を複眼的に見る方法で、いじめや不登校の早期発見・早期対応にも資するものである。

学級を「共に学ぶ集団」に

「学級経営」と学習指導の関係について考えてみたい。学習指導要領の下、「学力の重要な3つの要素」を踏まえ、思考力・判断力・表現力等を育むために、各教科等において言語活動の充実が求められている（第4章を参照）。学習活動として「ペアで意見を交換する」、「ホワイトボードや付箋紙を用いてグループで話し合う」、「導き出した解答を生徒が説明する」、「ポスターセッション形式で発表する」といった言語活動を効果的に進めるためには、学習者の好ましい人間関係と、他者の説明を傾聴したり、自分の意見を確実に伝えられるスキルが不可欠であろう。

前出の「不登校対策に係る調査研究」の事例をみると、級友の意見を「あたたかく聴く」、自分の意見を「やさしく話す」ことを基本としつつ、自他の意見を比較したり、修正することで話合いをつなげていく授業を全校で実践している小学校は、不登校児童が皆無に近かった。この学校では、「わからないこと」は決して恥ずかしいことではなく、誰かの「わからないこと」をみんなで協力して考え、解決していくために、教師はファシリテーターの役割を担う。もちろん、「聴き方」や「話し方」、意見の「つなぎ方」や、みんなに出番を作るための「譲り方」などは、一朝一夕では身に付かないので、教師集団のたゆまぬ授業研究とともに、下級生が上級生の授業を見学し、スキルアップするしくみも整えられている。一斉授業では発言できない子どもも発言しやすくなり、また、友だちには気軽に質問できるので、学級内に教えたり教えられたりというあたたかな雰囲気が醸成される。言語活動の充実した授業実践と学級内の人間関係づくりは表裏一体であるといえる。

こうして育まれる「共に学ぶ集団」は、学習活動のみならず、学級内の課題解決や、行事の企画運営といったクリエイティブな活動場面においても力を発揮す

るし、やがて、職業人として、地域の構成員として、あるいは国際人として活躍する可能性を秘めた子どもたちの将来につながる「確かな学力」を身に付けさせる母体となるのである。

2.「学級経営」という仕事

居心地のよさを高めるために

　学級には、本人は意図しなくても、周囲から突飛に見える行動をとったり、発言がユニークだったりして、からかいの対象になる子どもがいることがある。例えば、授業中にその子どもが指名され、的外れな答えに失笑がおきたときの教師の瞬間的な対応は、その子どもに対する周囲の接し方に影響を与える可能性があろう。そうした感覚の鋭い教師なら、絶対に周囲の子どもたちと同じ次元で反応しないし、揶揄するような雰囲気を受け流すこともしない。

　なぜなら、周囲の子どもたちは、教師がそのことを容認したと捉え、それがきっかけとなって深刻ないじめに発展するかもしれないからである。逆に、その子どもの言動からポジティブな部分を引き出して具体的に言葉にし、周囲の子どもに気付かせることが大切だろう。子どもたちがお互いを尊重する望ましい人間関係の形成と、誰もが自己有用感を持つことができる「居場所としての学級」づくりは、「学級経営」の目標そのものであるとともに、最も効果的ないじめの未然防止となるのである。

　一方で、もし子どもから「いじめに遭っている」と訴えがあったら、躊躇せず、管理職や同学年の教師集団、教育相談コーディネーターや学校カウンセラーと連携して対処すべきである。そして、いじめの対応には、保護者との信頼関係が不可欠である。担任の指導力不足が原因だと思われたくない一心で、事実から目を背けたり、隠匿したりすることは、その後の「学級経営」をますます困難にする。むしろ、いじめ発覚後の学校の指導方針への理解を求め、保護者を巻き込んで居心地のよさを回復する作業を共有できるようにしたい。また、学級の中には、言葉による指示が伝わりにくかったり、騒音など周囲からの刺激に過剰に反応し、授業や学級活動の際に学びにくさや居心地の悪さを感じている子どもがいることもある。神奈川県立総合教育センターが2009年度に発行した冊子『明日

第7章　学ぶ集団をつくる―学級経営という仕事―　73

から使える支援のヒント〜教育のユニバーサルデザインをめざして〜』は、「学習」「コミュニケーション」「学校生活全般」のそれぞれの項目に、具体的な支援方法を示している。子どもたちの認知特性がさまざまであることを意識し、「学級経営」に反映させるのは、学級全体の居心地のよさを高めることになり、不登校の未然防止にもつながることになろう。

「学級経営」の実際
　「学級経営」にあたり、教師がどのような視点を持つべきか、高等学校におけるいくつかの場面を通して考えてみたい。
　① 学級における規範やルールの確立
　いうまでもなく、誰もが自己有用感を持つことができる「居場所としての学級」には、一定の規範やルールが必要である。例えば、「先生、クラスの何人かがゴミを散らかしっぱなしで私たち嫌なんです」と訴えがあれば、その学級では「居心地のよさ」が低下しているわけで、教師は、即座にゴミをめぐる規範意識の醸成に努めなければならない。
　「チャイム着席の厳守」、「提出物の期限厳守」、「昼休みの無断外出禁止」といったルールが守られない学級が出現すると、学年全体の規範意識の低下を危惧し、担任の指導が問題視されることもある。しかし、担任だけが何回注意しても、その学級に関わる教師すべてが同じ目線で指導しなければ効果は上がらない。組織的に「学級経営」がなされているかを問うべきである。
　生徒の関心が高い「席替え」も、一部の生徒がくじを操作して教室後方の席を占領し続けるといったことが起こりがちで、学級の「居心地のよさ」が大きく損なわれる。年度の初めに教師がきちんと指導し、生徒たちが学級内に不公平な状況を生まないよう自己管理できるように導くことが必要である。
　「日直」は、全員が順番に担当し、定められた仕事を目に見える形で毎日引き継いでいくことから、規範やルールを確立する上で重要な役割を果たす。まず、始業・終業の号令は、生徒の意識の切り替えになり、学習規律を確立する上で重要である。そして、授業後の黒板の管理、提出物の返却、時間割変更の伝達、教室移動の際の消灯など、「日直」がしっかり仕事を果たすことで、その日の学級の雰囲気が引き締まってくる。最初の1周は、特に丁寧に指導すべきである。ま

た、学級日誌(日直日誌)を充実させると、学級の雰囲気づくりに役立つ。多くの学校の日誌には感想欄が設けられているが、生徒が自発的に、あるテーマについてリレーのように書き継いだり、趣味や「マイブーム」、ちょっとした悩みを訴えたりと、感想欄にボリュームがある学級は「居心地がよい」と考えてよい。逆に、「疲れた」とか「暑かった」など一言の殴り書きや落書きが頻繁に見られる学級は要注意である。多くの生徒は「先生がコメントに返事をたくさん書いてくれると自分も書く気になる」と感じているので、真剣に向き合いたい。担任だけでなく、副担任などが時々登場するのも変化があってよい。

コラム:学級日誌　最後の1周

　3年生の11月中旬にもなると、自由登校までの授業日数は、約40日。

　そこで生徒に提案した。「学級日誌、最後の一周を冊子にするので、全員万感の思いを込めて書くように」。次の日から「受験が終わったらやりたいこと」「高校時代の振り返り」「将来の夢」「クラスメートへ感謝のことば」など、思い思いに書き連ねられていく学級日誌。冊子にする際、日誌が40人続いた後に、学級通信の縮刷版を、さらに卒業アルバムに載らなかった写真を集めたミニアルバムをカラーで入れ、そのクラスだけの記念品ができ上がった。卒業までの3カ月、生徒がこの学級にいる時間を慈しみつつ過ごしたのであれば、この最後の仕掛けは成功だったのではないだろうか。

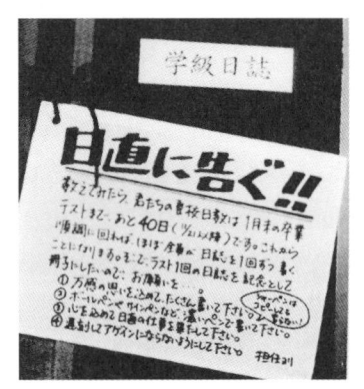

---

② 　生徒が求める一体感〜学校行事と「学級経営」

　高等学校で、小・中学校と同じように学級目標を掲げるのは難しい。意識的に学級集団と距離を置こうとする生徒もいるし、無理に学級の一体感を追求することは、逆に「居心地の悪さ」を招きかねない。しかし、文化祭や球技大会などにおけるクラスTシャツ(背中に全員のニックネームを記したものが圧倒的に多い)の流行に見られるように、生徒たちが学級への帰属意識を持ち、まとまりを求めているのも事実である。学校行事を通して「居心地のよさ」を醸成するために、教師は何をすべきだろうか。生徒たちは、小・中学校時代に、学年が進むに

つれて行事の運営に深く関わる経験を重ねてきているが、はじめから全部委ねるのは難しい。筆者は、文化祭の出し物などを決めるロングホームルーム（LHR）で、進行を実行委員に任せた後、自分も文化祭に参加する一員であると宣言して委員の生徒の席に座り、話合いが安逸な方向に流れそうなときは挙手して意見を述べ、生徒がモチベーションを高められるように舵を取った。また、実際に準備が始まると、進捗状況を各パートのリーダーに報告させて学級通信で紹介し、保護者にも活動の様子を具体的に知らせて、家庭で話題にできるように配慮した。行事で活躍する子どもたちは、保護者が見に来ることを励みに感じるし、例えば「じゃがバター」の模擬店を運営したとき、生徒の1人の祖父が農家で、大量のジャガイモを安価で提供してもらったということもあった。おかげで当日は大盛況となり、生徒間の親睦度も一層深まった。文化祭を通じて学級がまとまることを強く実感したものである。

③ **清掃活動と教室の環境整備**

清掃活動の充実は、「学級経営」で力を入れたい要素の1つである。

床にゴミが散乱し、こぼれた飲み物のしみだらけの教室では、質の高い学習活動は期待できない。何よりも、不衛生だし、生徒の気持ちが荒む。そもそも清掃活動は、快適に生活するための自然な行為なのだから、生徒たちが自発的に協力して取り組むことが究極の目標だろうが、現実には難しい。やはり、担任をはじめとする教師が、足並みを揃え、生徒が仕事を親和的にシェアし、和気あいあいと取り組めるように指導すべきである。そのためには、不公平が生じないローテーションづくり（特にトイレの分担）と、活動後の成果確認・承認（賞賛）が必要である。

掃除サボリがまかり通る学級は決してまとまらない。毅然とした指導とともに、生徒のやる気を喚起するように工夫したい。第1に、清掃用具は揃っているか。ほうきの先がつぶれたり、ゴミが固く付着して使いづらくなっていないか。不潔感が邪魔をして前向きになれない生徒もいるので、使い捨てゴム手袋を用意しておくと、トイレや流しの掃除にも取り組みやすくなるだろう。ゴミ箱の表示もしっかりできていれば、面倒な分別作業をしなくても済む。

同様に、教室の環境整備にも気を配りたい。壁から折れ釘が突き出したり、窓ガラスがひび割れているなど、危険な状態が看過されていないか。電灯のスイッ

チやコンセントのカバーが割れて感電の危険はないか。切れたままの蛍光灯はないか。日頃からチェックする癖をつけ、事故防止に努めることも教師の重要な仕事なのである。

> **コラム：清掃の時間あれこれ**
> 　清掃の時間は生徒たちとの格好のコミュニケーションの場。生徒がゴミを掃く。担任がチリトリをそのほうきの前に構える。ゴミが掃き込まれる僅かな時間、その生徒だけを相手に会話する。部活のこと、成績のこと、進路の悩み、「先生が学級通信でススめてた本読みましたよ」なんて会話になったらうれしい。
> 　大掃除で床にワックス掛けをする。倉庫からポリッシャーを借りてくる。液体洗剤を撒いて、スイッチを入れると先端の丸いブラシが回転を始める。このコントロールが意外に難しい。安全に配慮しつつ使い方を教え、何人かの生徒にまかせてみる。うまい、うまい。帰りのHRで名前を呼んで労おう。掃除は楽しい！

④　生徒一人ひとりの「個人記録ノート」

「学級経営」にあたり、教師には一人ひとりの生徒を日々観察し、いち早く変化に気付くことが求められる。そのために、日頃から、生徒の様子をこまめに記録する習慣をつけておくとよい。

大学ノートかルーズリーフ（場合によっては記録が数ページに及ぶこともあるので、筆者はルーズリーフを用いた）に、クラス全員分のページを作っておく。個人面談の際に使えるので、それぞれの基本情報（中学校名、部活動、委員会、係り等）をあらかじめ書き込んでおくとよい。そして、日々生徒たちと接する中で、気になる様子や発言、行動について、逐一メモしていくのである。図7-1の例のように、最初の個人面談では学校生活全般、学習状況や友人関係などを聞いておく。友人関係は、次の面談時や、観察の結果変化があればそれも記録する。些細な出来事でもとりあえずメモすることが大切である。できれば、日付と時間、会話は具体的・逐語的に書く。この例の場合、体育祭で怪我をしたことを家庭に連絡した際、よい機会なので6月11日の落ち込んだ様子について聞いてみると、「先生、よく見てますね、その前の晩、父親に叱られたんですよ。」と家庭の様子につながった。中間テストの出来が悪かったので、部活との両立について厳しく叱責されたらしい。

17日の様子を伝えると、「それでは、あまり懲りていないみたいですね。全

第7章　学ぶ集団をつくる―学級経営という仕事―

```
NO. 37    □△○夫   ▼▲中学校　野球部
                                          体育委員
5/10（金）　個人面談（昼休み）
・通学には慣れた。やや疲労気味。部活は楽しいが体力的に
  きつい。
・友人関係まずまず。クラスでは◇田、●山、他クラスは△
  村（1組）、▲本（4組）
・得意教科：数学・生物基礎
  苦手教科：国語Ⅰ、現代社会
・気になること：中間テストの勉強時間が足りなさそう（部
  活との両立）
6/11（火）15：20 ごろ
・教室掃除最中、元気なし。声をかけても「別に」しか返事
  なし。落ち込んだ様子。
6/17（月）2・3 校時中休み
・廊下で話しかけてくる。「土曜日の練習試合に出られるか
  も！」大変うれしそう。
6/21（金）体育祭　14：30 ごろ
・400M リレー、コーナーで転倒、足首捻挫、保健室へ。養
  教が固定し湿布。徒歩帰宅可能だが若干痛みあり。16：00
  家に連絡。
```

図7-1　個人記録ノートの例

然、勉強してなくて」とため息交じりの母親の声。

　「いや、クラスでは盛り上げ役で、いつも明るい雰囲気を作ってくれます。沈滞ムードの時には彼が頼りです。勉強は担任からも声をかけて習慣づけをしますから、もう少し様子を見ましょう」と返すと、「先生、うちの子落ち着きがなくて、中学のとき怒られてばかりいたんですよ、褒めてもらったのは初めてで、うれしいです」と明るい声に変わった。保護者にはなるべく生徒のポジティブな面を伝え、そこをさらに伸ばせるように共有することが大切だろう。また、具体的で細かいメモは、生徒の様子を分析的に確認できる資料になる。いじめが疑われるような学級の状態なども、一人ひとりの記録ノートから逆にたどることができるし、管理職への報告や保護者への説明の際、貴重なデータとなるからである。そして、担任が1人でメモを書き綴るだけでなく、副担任や教科担任等から複眼的に入った情報を書き込むことも重要である。

3. おわりに―学級崩壊という負の幻を見ないために―

　子どもたちがお互いの個性を認め、緩やかにつながっていることが、「共に学ぶ集団」をうまく機能させる要因であり、それは、担任をはじめとする教師の計画的・意図的な「学級経営」によって実現する。そして、「学級経営」にあたる教師は、子どもたちにとっての「望ましい大人のモデル像」ともいうべき人間性を備えていることが必要である。担任である教師が、生徒を前面に出しながらもリーダーシップを発揮し、誠実で丁寧に学級をマネジメントする姿は、必ず子どもたちや保護者に理解され、支持されるはずである。

　いわゆる「学級崩壊」の原因は、教師の力量不足だけではない。社会、地域、家庭の在り方が激変し、子どもたちの成長過程も大きく変わり、従来の方法論が通用しなくなったことにもよるだろう。担任をはじめとする教師がチームとなり、地域や家庭も巻き込み、学校支援ボランティアなどのリソースを活用し、チームで「学級経営」に向き合うことが大きな力となる。

　子どもたち同士の対立、思うように一体感を醸し出せなかった学校行事、担任と子ども、保護者との行き違いなど、さまざまな困難に出会いながら、学級の雰囲気は育ち、作られていく。

　やがて、子どもたちはもとより、学級が教師にとっても最も居心地のよい場所となったころ、卒業や進級という、次のステージにつながる終結、学級の「解体」が待っているのである。

（戸田　崇）

文　献

① 文部科学省『生徒指導提要』2010年。
② 国立教育政策研究所『生徒指導リーフ　いじめの未然防止Ⅰ・Ⅱ』、2012年。
③ 河村茂雄『日本の学級集団と学級経営』図書文化、2010年。
④ 神奈川県立総合教育センター『明日から使える支援のヒント～教育のユニバーサルデザインをめざして～』2010年。
⑤ 神奈川県立総合教育センター不登校対策プロジェクトチーム『不登校対策に係る調査研究（まとめ）』『2011年度研究集録第30集』2011年。
⑥ 神奈川県立総合教育センター『学校ができる　教員ができる　不登校の未然防止』2011年。

第8章 体罰は払拭できるか
―悪しき慣習にみる教職の権威と特性―

　体罰は古くて新しい問題である。学校教育における体罰は、1879年（明治12年）に制定された「教育令」において、すでに禁じられている。しかしながら、以来130年以上が経過しても後を絶たない状況にある。我が国の教育は、なぜ体罰を払拭することができないのか。他人事（ひとごと）ではなく、自分たちのものとして考えるべき課題である。

1.「これは指導ですか、体罰ですか」

　体罰という問題を考える時、忘れることのできない大きな事件があった。2012年12月23日、大阪市立桜宮高校の2年生男子生徒が自宅で自殺した事件である。大阪市教育委員会（以下、市教委という。）は、2013年1月8日に記者会見を開き、この事実を発表した。

　事件の概要
　市教委によると、男子生徒は、23日早朝、自分の部屋で制服のネクタイを使って首をつっている状態で母親によって発見された。部屋には、遺書と部活顧問の男性教諭に宛てた手紙が残されていた。生徒はバスケットボール部に所属し、主将を務めていた。性格は真面目であり、成績も上位で、責任感が強い生徒だった。
　顧問教諭宛ての手紙には、顧問教諭から厳しい指導や体罰を受けているとの記載があり、体罰が自分に集中している状況をつらく感じ、キャプテンを交代するか悩んでいる内容だったという。生徒は自殺前日の22日には練習試合を終えて午後9時半頃に帰宅し、「試合には負けた。今日もかなり殴られた。」と母親に話して自室に戻り、翌朝自殺した。
　翌日に行われた通夜では、母親が顧問教諭に「（生徒の）顔を見てやってくだ

さい。体罰の痕がわかるでしょう。これは指導ですか、体罰ですか」と問いただした。顧問はその場で「体罰です」と答えたという。

　桜宮高校では、この生徒の自殺後、顧問による体罰についてバスケットボール部の部員50人（男子20人、女子30人）を対象にした無記名のアンケート調査を実施した。その結果によると、男子生徒が自殺した前日の練習試合で同生徒が体罰を受けるのを「見た」と回答したのは22人。22日以前にも同生徒への体罰を「見た」と回答した部員は38人に上った。部員のうち、自分が体罰を受けたことが「ある」と回答した部員は21人。自殺した生徒以外の生徒への体罰を「見た」と回答したのは48人であった。こうした結果から、市教委は主将である生徒に体罰が集中する一方、他の生徒にも体罰が行われており、「日常的に体罰が行われていた可能性も否定できない」とした。

　この顧問教諭（47歳）は保健体育科の教員で、1994年4月に大阪市に採用され、その後ずっと桜宮高校でバスケットボール部の顧問を務めていた。同校バスケットボール部は過去5年間で3回インターハイに出場しており、同教諭は桜宮高校を強豪校に育て上げ、高校バスケットボール界で著名な指導者として知られていた。

　顧問教諭が市教委に提出した顛末書には、「叩くことによって部員が成長し、チームが強くなり、自分は間違っていないというおごりがあった。全てが慢心だったと心から反省している。」と記されていたという。

　バスケット部の体罰を巡っては、2011年9月に、「ひどい体罰が横行している」との情報が寄せられていたが、十分な調査は行われていなかった。

　今回の自殺事件はメディアにも大きく取り上げられ、さまざまな事実が明らかになるとともに、社会の大きな注目を集めるようになった。

　さらにこの問題は桜宮高校の高校入試にも波及し、2013年度入試において、同校の体育系学科（全員が運動部の部活動に所属し、同校の大きな特色となっている）の募集を中止することにまでなった。

外部観察チームの報告書

　2013年2月13日、市教委は弁護士でつくる市の外部監察チームの報告書を公表するとともに、顧問教諭を懲戒免職にした。この報告書には次のように記載さ

れている。

「自殺前日の12月22日の練習試合では、顔などを少なくとも16回たたいた。繰り返し叱責されるとともに理不尽な暴力を加えられることで男子生徒が深く苦悩していたことは明らか。顧問の暴力が自殺に追い詰めた大きな要因と考えられる。」
「顧問教諭は生徒に対する暴力を指導の一環であると位置づけ、それが指導方法として効果的であるとの考えで、恒常的に平手打ち、足蹴り、物を投げつけるなどの暴力を、時には相当強くかつ執拗に行っていた事実が認められる。顧問には顕著な暴力傾向が認められる。教育者としての責任は極めて重く、厳重な処分が必要である。」「愛の鞭という言葉で表されるところの社会において存在すると思われる体罰に寛容な考え方を背景として、このように、大半の体罰等が、生徒及び保護者がこれに異を唱えないため、顕在化されることなく処理されてきたことこそが、これまで体罰が根絶されていない根本的理由の一つであると考える。」

(大阪市外部監察チーム「報告書」2013年)

男子生徒の保護者は、2013年1月23日、顧問教諭を暴行容疑で大阪府警に刑事告訴した。同年7月に大阪地検は生徒への傷害と暴行の罪で顧問教諭を在宅起訴した。その後の裁判では、12月22日の練習試合での様子を写したビデオ映像が証拠として採用され、その映像には顧問教諭が男子生徒に平手打ちを繰り返す様子が映っていたという。同年9月26日、大阪地裁は、顧問教諭に対し、懲役1年、執行猶予3年(求刑1年)を言い渡し、裁判官は「理不尽な体罰というほかなく、刑事責任は軽くない」と述べた。

体罰という負の遺産への問い掛け

亡くなった17歳の男子生徒は、多くの可能性をもち、将来が嘱望される青年であった。その健やかな青年の未来が無残にも断ち切られ、残されたご家族の悲嘆も察するに余りあるものがあった。

この出来事を記憶にとどめるとともに、なぜこんなことが起きたのか、何かくい止める手立てはなかったのかと問い掛けながら、体罰という事象の本質をできる限り深く見抜くことが必要である。そうすることで、体罰という負の遺産を教育の場から払拭するための道筋が見えてくるのではないかと考えられる。そこで、この事件について、いわば内在的な把握や分析を行うため、その手がかりとなる

ような視点を、問い掛けという形で示していきたい。

① 体罰は必要悪？

　顧問教諭は、部活動指導においてなぜ体罰を行わなければならなかったのか。部活動を強くするためには、やむを得なかったのか。他の手段や指導方法はなかったのか。

② 生徒の人権は？

　この顧問教諭は、部活動以外でも、体罰を行ったことを認めている。教諭の生徒観はどのようなものだったのか。生徒の人権についてどのように考えていたのか。

③ 責任は誰に？

　バスケット部には、他に顧問が2人いたが、2人とも桜宮高校の卒業生で在校中はバスケット部の部員であった。この2人の顧問は体罰のことを知っていたが、止めることができなかった。この2人の顧問にも責任の一端はあるのか。

④ 傍観者にも責任？

　この他にも顧問教諭の体罰を見て知っている教員がいたが、体罰を止めるための行動をとることはできなかった。なぜできなかったのか。

⑤ 隠蔽がなかったら？

　2011年に男子バレーボール部の顧問が部員に対する体罰で停職3カ月の懲戒処分を受け、その後顧問に復帰した。2012年11月に再び部員に体罰を行ったが、当時の校長はこの事実を市教委へ報告しなかった。「教諭の将来を考えた」というのが校長の弁であるが、こうした隠蔽がなぜ生じたのか。校長はなぜ適切な対応をとることができなかったのか。

⑥ 家族はどうしたら？

　男子生徒の家族は自殺の1週間ほど前から生徒の様子がおかしいと感じていたという。生徒は体罰のことを母親に話し、主将を続けることへの悩みも打ち明けていた。母親は自殺の数日前に、練習試合を観戦し、生徒が「キャプテン辞めろ」と怒られているところを目撃している。生徒と本音でとことん話し合い、最悪の事態を何とか回避する方策はなかったろうか。また信頼できる第三者に相談する道はなかったろうか。

⑦　どこかに逃げ道は？

　生徒は小学生の頃に顧問教諭と知り合い、桜宮高校に希望して入学。2年生の9月には自ら立候補して主将になった。生徒は、兄からアドバイスを受け、12月19日、顧問宛ての手紙を書き、翌日には学校に持参したが、結局渡せなかった。手紙には「キャプテンとして頑張っても、先生の言うことが完璧にこなせない、殴られるのがつらい、同じミスをしても、キャプテンの自分だけが怒られる」などと書かれていた。精神的に余裕はなく追い詰められた気持ちであっただろう。だが、彼には、何よりも彼のことを気にかけ、心配し、愛情を注いでくれる家族がいた。信頼できる友人もいただろう。1人で抱え込まず、別の解決の仕方を考えることはできなかったろうか。

⑧　異を唱えられない？

　バスケット部の部員を対象に実施されたアンケートでは、部員50人のうち21人が顧問教諭から暴力を受けたことがあると回答し、48人が他の生徒に対する暴力を目撃したことがあると回答している。ここからは体罰が日常化していた実態が見えてくる。だが、部員からも保護者からも体罰を指摘する声はあがらなかった。体罰もやむをえないと思っていたとしたら、そう考えること自体に問題はなかったのか。なぜ異を唱えられなかったのか。

⑨　部活動の教育的意義は？

　一部の保護者や生徒から体罰を行った教員を擁護する声が出てくることがある。指導に熱心である、成果をあげているといった保護者や生徒の意向がそこにはある。指導に熱心であることと体罰を行うことを明確に峻別するため、あらためて部活動の教育的意義や教育効果について、顧問教諭、部員生徒、保護者、他の教員、管理職がそれぞれの立場においてどのように考え、行動すればよいか。

　体罰という事象を、可能な限り内在的かつ多面的に捉えるため、問い掛けという形で問題を提起してみた。答えることが難しいものもあるが、こうした問い掛けに向き合い、多くの人と課題意識を共有していくことが大切だと考える。
　体罰という出来事の核心的な部分とともに、それを取り巻く周辺的なことにも意識を向ける必要がある。体罰が生じる直接的な状況についての考察だけでなく、体罰が生じる構造そのものにも目を向け、考察を加えていきたい。

2. 体罰の実態

大阪市立桜宮高校で生じた体罰による高校生の自殺事件をきっかけに、文部科学省は体罰の実態調査に乗り出した。実態把握の対象は、国公私立の小学校、中学校、高等学校（通信制を除く）、中等教育学校、特別支援学校、高等専門学校である。調査は2012年度に発生した体罰の状況について行われ、第1次報告が2013年4月26日、第2次報告が同8月9日に公表された。第2次報告は、第1次報告で報告した事案も含めた最終的な集計結果である。

2012年度における体罰の状況

第2次報告によれば、2012年度における体罰の状況は、表8-1のとおりである。

表8-1からは、発生学校数が4,152校であり、全国の学校数が38,346校であることから、約1割（10.8％）の学校で体罰があったことがわかる。発生件数は

表8-1　2012年度における体罰の状況（国公私立合計）

区　分	発生学校数	発生件数	被害を受けた児童生徒人数
小学校	1,181　(5.5%)	1,559	2,717　(0.04%)
中学校	1,729　(16.2%)	2,805	5,853　(0.16%)
高等学校	1,190　(23.7%)	2,272	5,508　(0.16%)
中等教育学校	4　(8.2%)	11	11　(0.04%)
特別支援学校	38　(3.6%)	47	85　(0.07%)
高等専門学校	10　(17.5%)	27	34　(0.06%)
合　計	4,152　(10.8%)	6,721	14,208　(0.10%)

文部科学省第2次報告に基づき作成

6,721件である。また、体罰の被害を受けた児童生徒数は14,208人であり、全国の児童生徒数が13,886,772人であることから、おおよそ1,000人に1人（0.10％）の生徒が被害を受けたことがわかる。

次に体罰がどんな場面で起きているのか、また、どんな内容の体罰なのかを見てみよう。小学校、中学校、高等学校のみを取り上げてみる。

第8章 体罰は払拭できるか──悪しき慣習にみる教職の権威と特性── 85

表8-2 体罰時の状況

区分		小学校	中学校	高等学校
(1)場面	授業中	922 (59.1%)	687 (24.5%)	483 (21.3%)
	放課後	72 (4.6%)	323 (11.5%)	242 (10.7%)
	休み時間	267 (17.1%)	324 (11.6%)	203 (8.9%)
	部活動	21 (1.3%)	1,073 (38.3%)	948 (41.7%)
	学校行事	45 (2.9%)	74 (2.6%)	137 (6.0%)
	ホームルーム	62 (4.0%)	82 (2.9%)	77 (3.4%)
	その他	170 (10.9%)	242 (8.6%)	182 (8.0%)
(2)場所	教室	1,050 (67.4%)	730 (26.0%)	532 (23.4%)
	職員室	2 (0.1%)	45 (1.6%)	95 (4.2%)
	運動場・体育館	215 (13.8%)	1,136 (40.5%)	964 (42.4%)
	生徒指導室	7 (0.4%)	95 (3.4%)	58 (2.6%)
	廊下・階段	161 (10.3%)	355 (12.7%)	194 (8.5%)
	その他	124 (8.0%)	444 (15.8%)	429 (18.9%)

文部科学省第2次報告に基づき作成

　表8-2を見ると、体罰の場面は小学校では授業中が最も多く（59.1%）、中学校・高等学校では部活動の場面が最も多い（中学校38.3%、高等学校41.7%）。発生場所は小学校では教室が最も多く（67.4%）、中学校・高等学校では運動場・体育館が最も多くなっている（中学校40.5%、高等学校42.4%）。
　また、体罰の内容としては、小・中・高ともに「素手で殴る」が半数以上であり、その次が「その他」に区分されるものとなっている。
　こうした調査結果からは、体罰という事象が、学校の教育活動の中から決して払拭されていない現実が浮かび上がってくる。学校の中のさまざまな場面・場所において体罰が発生している。体罰は法律ではっきりと禁止されているし、これまでも度々文部科学省や教育委員会などから体罰禁止の徹底を求める通知等が出されている。にもかかわらず、体罰はなかなか払拭されていない。その理由や原因を探るためには、体罰という事象にもっと近づいてみる必要がある。体罰に対する認識をより深めることで、体罰を払拭する方策をより具体のものにできるのではないか。

3. 体罰発生の3つの形態

　教員が生徒を指導する場面において、生徒が教員の指導や指示の通りに行動し、振る舞う場合には、体罰が生じる可能性は少ない。だが、生徒が教員の指導や指示に従わなかったり、反抗的な言動が重なったりしたような場面には、時に体罰が生じる可能性がある。教員の心情面をみてみると、いわば「カッとなる」という、感情の沸騰ともいうべき現象が見えてくる。冷静な気持ちの状態の中で体罰が生じるとは考えにくい。体罰を行ってしまった教員も、後に振り返ってみた時に、「冷静さを失ってしまった」と反省することが多い。では、こうした「カッとなる」といった感情の動きはどんな場合に生じるのだろうか。その理解のために、体罰が発生する構造を、試みに3つの形態に分類して考えを進めてみたい。

自制力喪失型
　第1に、教員のプライドが傷つけられ、自制力を失ってしまうような場合である。次の例①などがそれにあてはまる。

> 例①　「授業態度について指導したが、反抗的な言動をした複数の生徒らの頬を平手打ちした。」

　授業中の態度や生徒指導上の問題などについて、生徒を注意し指導する。繰り返し、注意したり指導したりするが、生徒は素直に指導に従おうとしない。時には、教員の心情を逆なでするような言動をとる。こうした状況は、いわば教員としてのプライドが傷つくような瞬間である。そして、教員の感情が、ある「臨界点」を超えてしまう時、カッとなり、手が出てしまう。これは体罰の1つの典型といえる。
　指導がうまくいかない、気持ちがなかなか通じないといった時には、どんな教員でも心理的ストレスが昂じる。だが、このような場面に遭遇したとしても、多くの教員は何とかこうした悩ましい状況に対処している。では、どうしたらよいのだろうか。
　まず、自分自身に対する内省が必要である。例えば、自分自身が体罰についてどう考えているのか振り返ってみる。自分が過去に体罰を受けたことがあるかど

うか。自分の周囲で体罰を見聞きした時にどう感じたか。自分はカッとしそうな人間かどうかなど、自分自身に問い掛け、自己理解を深めておくことは有効である。

また、実際的なスキルとして、指導場面において生徒とのやりとりが緊張しそうな時には、頭ごなしの乱暴な言い方はしないとか、根気よく説得に努めるなど、自分の気持ちを冷静に保つための心構えを日頃から自分に課しておくことも効果がある。怒りがこみあげそうになる時に備えて、売り言葉に買い言葉にならないよう間をあけて答えるようにするなど、怒りの感情をコントロールできる方法を身に付けておくことも役に立つ。いずれにせよ、自分が教員であり大人であることを自覚し、心のどこかにゆとりの部分を残しておくことや、日頃から的確な生徒理解に基づき、生徒との良好な関係づくりに努めておくことが大切である。

孤立無援型
第2の形態は、教員が学校の中で孤立している状況の中で発生する体罰である。

> 例②　生徒指導の担当者として難しい事案に率先して対応していたが、教員集団の中で協力体制が十分にとれないまま新たな事件が起こり、指導中に手をあげてしまった。

> 例③　経験の浅い教員が学年の指導方針になかなかなじめず、自分のクラスの指導が甘いと言われることもあり、悩んでいた。そんな中、クラスの生徒が指導に反抗的な態度をとったため、反射的に体罰を行ってしまった。

体罰という事象が生じてしまう背景には、体罰を起こした教員自身の資質や未熟さに起因するものが多いが、個々の事案をつぶさに検討してみると、その教員だけの問題とはいえないケースも見受けられる。例②や例③のように、その教員が所属する学校（職場）にも潜在的な問題があったのではないかと思われる場合がある。例②の場合は、職場の協力体制が不十分な中で担当者に過度な負担がかかり、重圧感や周囲への不満、徒労感などから体罰につながってしまったケースのように見える。生徒指導では、特に難しい事案にあっては、管理職も含めたチームによって対応していくことが基本である。一部の教員に任せきりにならな

いよう、管理職は職員体制や運営面でのきめ細かな心配りに十分に留意する必要がある。

また、例③は、例えば若い教員などの場合、他の教員から厳しい指導も時には必要だと言われたりする中で、心理的に孤立感を感じ、ジレンマに陥ってしまうようなケースである。現象としては体罰という事件として表面化するが、その背後には職場の状況や雰囲気にも課題がある場合である。学校の指導方針に硬直化しているところはないのか、相談しやすい雰囲気や若い教員をサポートする仕組みは整っているかなど、学校のあり方そのものの見直しが求められるケースと言える。

部活暴力型

第3の形態は、部活動指導における体罰である。文科省の調査結果からもわかるように、中学校・高校では、部活動指導の中での体罰が最も高い比率となっている。日本の中等教育における部活動は、欧米諸国の学校と比較して独自の位置づけをもち、学校教育の中の重要な一部となっている。同じ目的をもつ集団として活動に取り組み、仲間と協力しあいながら目標に向かって努力する。このことの教育的意義は大きいが、一方で部活動における最も大きな負の遺産が体罰である。

例④　バレーボール部の練習中、指示通りに活動できない生徒に対して、集中的にレシーブ練習をやらせ、生徒は立ち上がれなくなった。その生徒に対して、「バカ、へたくそ」といった言葉を浴びせながら、ボールを投げてぶつけてしまった。その後、その生徒は学校を休み始めた。

この例からは、不適切な指導（特定の個人に行き過ぎた練習を強要する）から体罰（暴言を吐きつつボールを生徒の身体に投げつける）へ移行していくプロセスが見て取れる。桜宮高校の事案にしてもこの例④にしても、どうしてこうしたことが生じてしまうのか。その要因と考えられる事項について、いくつか取り上げてみたい。

①　顧問に人権意識が乏しいため、体罰は暴力行為であるとの認識を持てず、体罰が生徒の力を伸ばすことに効果があるといった誤った考えを持ってしまう。

② 顧問が指導の技術や心構えなどについて学ぶ機会が少なく、自分自身の経験に頼った指導を行うため、誤った指導や不適切な指導を行ってしまう。
③ 試合の勝ち負けや上位大会への出場にこだわるあまり、部員の練習態度や試合結果などに過剰な期待や要求を持ち、そのことが乱暴な言葉遣いや体罰などとして表れてしまう。
④ 部活動の活動内容や指導のあり方などについて、外側の目が届きにくく、閉鎖的になっている。
⑤ 試合等で活躍したい、また活躍させたいといった生徒や保護者の願望があり、疑問を抱く出来事があっても声をあげにくい雰囲気がある。
⑥ 体罰防止に関する職員研修や環境づくりが不十分であったり、不適切な指導等があっても報告を怠ったりするなど、管理職をはじめとして職場にコンプライアンス（法令遵守）の意識が欠けている。

　部活動については、こうした問題がどこでも生じうるという前提に立ち、自己チェックや外部チェックを幾重にも行いながら、体罰防止を実のあるものとする環境を作りあげていくことが求められている。
　以上、体罰の構造について３つの形態に分けて考察してみた。体罰をくい止めるためのいわばツールとして、こうした類型化が役に立つと考えたが、この類型化はあくまでも便宜的なものである。事案によって複合的なものもあるだろうし、こうした類型では捉えきれない内容をもつ場合もあるだろう。今後も、体罰という事象を可能な限り多面的にかつ内在的に捉えることが必須であり、そのための考察のツールとして、こうした類型化をさらに精緻なものにしていく必要がある。

4. 体罰の法的な側面

　ここで、体罰について、法的な位置づけなどを確認しておこう。体罰に関する法律上の位置づけは、「学校教育法」第11条にある。法律によって、体罰は明確に禁じられているのである。

> 学校教育法第11条
> 　校長及び教員は、教育上必要があると認めるときは、文部科学大臣の定めるところにより、児童、生徒及び学生に懲戒を加えることができる。<u>ただし、体罰を加えることはできない。</u>

　また、文部科学省が2013年3月13日付けで発出した「体罰の禁止及び児童生徒理解に基づく指導の徹底について（通知）」において、「懲戒、体罰に関する解釈・運用については、今後、本通知によるもの」とされた。同通知では、「ここでいう懲戒とは、学校教育法施行規則に定める退学（公立義務教育諸学校に在籍する学齢児童生徒を除く。）、停学（義務教育諸学校に在籍する学齢児童生徒を除く。）、訓告のほか、児童生徒に肉体的苦痛を与えるものでない限り、通常、懲戒権の範囲内と判断されると考えられる行為として、注意、叱責、居残り、別室指導、起立、宿題、清掃、学校当番の割当て、文書指導などがある。」とされている。

　また、殴る、蹴る等の身体に対する侵害を内容とするもの、児童生徒に肉体的苦痛を与えるようなもの（正座・直立等特定の姿勢を長時間にわたって保持させる等）に当たると判断された場合は、体罰に該当するとされた。

　一方で、同通知では、正当防衛および正当行為についても、事例を挙げ、考え方を示している。児童生徒から教員等に対する暴力行為に対して、教員等が防衛のためにやむを得ずした有形力（目に見える物理的な力）の行使は、体罰に該当しないとしている。

最近の事例
　ここで、最近生じた事案を取り上げておきたい。2013年10月に生じた事件である。

> 　小学校の男性教諭（28歳）が6年の男子児童に体罰を行った。男性教諭は廊下で児童を抱きかかえた状態から床に落としたり右頬をたたいたりして、首などに軽傷を負わせた。男性教諭は「児童が騒いでいて注意したが、言うことを聞かなかったので我慢が限界にきた」と話したという。児童側から警察に被害届が出され、男性教諭は容疑をおおむね認め、傷害の疑いで書類送検された。教育委員会は会見を開き、「体罰防止について一丸となって取り組んでいたが、大変遺憾だ。児童や保護者に申し訳ない」と謝罪し、近く男性教諭の処分を検討するとした。

第8章　体罰は払拭できるか――悪しき慣習にみる教職の権威と特性――　91

　この事案は、先ほど述べた3つの形態のうち、第1の形態の典型のように思える。背景に第2の形態と考えるべき状況があったかどうかはわからないが、この教諭は28歳であり、経験の浅い若い教員である。この学校ではどのような体罰防止の取組みがされていたのだろうか。また、この教員自身は、社会的な注目を集めた体罰という問題について、どう考えていたのだろう。自分には無縁なことと思っていたのだろうか。疑問が尽きないところである。

　また、この事案からは、被害児童・保護者が警察に被害届を出し、警察はそれを受けて捜査を行い、書類送検したことがわかる。教育委員会の調査や処分よりも前に、傷害事件として扱われたわけである。社会の側から、体罰という行為は傷害や暴行という犯罪行為なのだと突きつけられたともいえる。今後、体罰は、刑法上（傷害罪や暴行罪など）、民事上（損害賠償など）、行政上（懲戒処分）の、それぞれの責任をこれまで以上に問われることになるだろう。体罰は、社会では認められない暴力行為以外の何ものでもない、という社会的な評価について、教育に携わる者はあらためて重く受け止める必要がある。

5. 体罰防止に向けた環境づくり

　最後に、体罰防止に向けた環境づくりについて触れておきたい。繰り返し述べてきたように、体罰を払拭するためには、教員一人ひとりの内省と自覚が何よりも重要である。そして、そうした内省や自覚をより深めるため、各学校では体罰防止に向けた取組みを意識的・計画的に整えておく必要がある。その基本的な取組みについて、簡潔に取り上げておきたい。
　① 校内の教員研修の充実
　　（例）計画的・継続的な実施、経験年数等に応じた研修機会の設定、実践的な研修方法の開発、外部の機関や専門家と連携した研修の実施など
　② 体罰をチェックする仕組みの強化
　　（例）体罰チェックシートの作成・活用、児童生徒へのアンケート実施、相談窓口の明確化、管理職による個別教員への面接指導など
　③ 体罰を容認しない学校づくりの取組み
　　（例）体罰を容認しないというメッセージの発信、保護者会等での趣旨の周

　　　　知、体罰に異を唱えることができる環境づくり、学校評価アンケートの
　　　　実施など
　④　体罰を払拭した部活動の活性化
　　（例）顧問教諭に対する指導者講習の実施、部員・保護者に対するアンケー
　　　　トの実施、保護者との意見交換会の実施、練習内容等の点検、顧問教
　　　　諭の顕彰など
　⑤　管理職によるマネジメントの強化
　　（例）体罰防止に向けたマネジメントの意識の明確化、上記①～④に掲げた
　　　　対策の着実な実施など

　体罰の事例に接して共通に感じることは、生徒と教員の間に良い信頼関係が築かれていないことであり、生徒を健やかに成長させるという視点が欠落していることである。学校や教員は、多様な課題や問題を持つ生徒たちの成長に心を砕かなければならない。こうした教育の営みに体罰は必要ない。
　教員一人ひとりが自身の自覚を深めるとともに、体罰防止に向けた職場の環境づくりを充実させ、その両面から取組みを強化していくことに全力を傾ける必要がある。体罰が、わが国社会の悪しき慣習であるとするなら、学校では1日も早く、それを払拭していかなければならない。

　　　　　　　　　　　　　　　　　　　　　　　　　（下山田　伸一郎）

文　献

① 大阪市外部監察チーム「報告書」2013年1月31日、3月15日、4月30日。
② 文部科学省「体罰の禁止及び児童生徒理解に基づく指導の徹底について（通知）」2013年3月13日。
③ 文部科学省「運動部活動での指導のガイドライン」2013年5月。
④ 神奈川県教育委員会「体罰防止ガイドライン」2013年7月16日。
⑤ 東京都教育委員会「体罰根絶に向けた総合的な対策」2013年9月12日。

第9章 学校・家庭・地域の協働性の構築
― よりよい関係づくりに向けた教師の役割 ―

1. 開かれた学校づくりと地域との協働

開かれた学校づくりとは

　子どもたちが夢と希望をもって、生き生きとした生活を送ることができるようになるためには、学校・家庭・地域が一体となった教育の推進が重要である。とりわけ、地域住民に身近な公共施設であり、地域コミュニティの拠点としての役割を担うことが期待される学校には、学校教育の実施という本来の機能を発揮しつつ、自校を含めた地域社会全体の教育力を高める推進役となっていくことが求められる。そのためには、学校が次の視点から自らを変え、学校を開いていくことが必要である。

① 学校は、教育活動の展開にあたって、地域の教育力をより一層活かすとともに、保護者や地域住民からの支援を積極的に受け入れること
② 学校は、学校の教育資源や教育力を地域に開放し、子どもの居場所や地域住民の交流の場、すなわち地域コミュニティの拠点として機能すること
③ 学校は、保護者や地域住民に、学校の教育方針や教育活動の現状について情報公開するとともに、総合的な教育環境づくりの観点から、家庭や地域社会のあり方に対する自らの考えを積極的に発信すること
④ これらのことを単に学校だけで行うのではなく、保護者や地域住民との協議を踏まえて企画・立案・実践していくこと

　このように、開かれた学校づくりの取組みは、学校づくりを基本に据えながらも、それだけに止まらず、従来の学校・家庭・地域の関係を「協働関係」、すなわち「相互信頼に基づいた新たな関係」へと転換していくことを意味するのである。ここで協働とは、教員と保護者と地域住民が、子どもたちの「生きる力」を育むという目的を共有し、その目的達成に向けて、それぞれ持ち場・立場は違っても、対等に意見交換しながら各々の持ち味を出し合い、共に行動するということである。

したがって、開かれた学校づくりの取組みは、「地域の中の学校づくり」に止まらず、「学校を拠点とした地域づくり」へも発展していく可能性を有しているのである。

地域協働の取組み

学校が地域との協働に取り組む場合、その多くは、「情報交換・連絡調整」⇒「相互補完」⇒「協働」といったプロセスを段階的にたどる。

① 情報交換・連絡調整の段階

協働は、「同じ目的をもつ者どうしが、対等に意見交換して、共に行動する」ことであり、学校と地域が目的を共有するためには、相互理解が前提となる。しかしながら、地域住民から見ると、学校というところはまだまだわかりにくく、敷居の高いところとして映っており、このままでは誤解は生まれても、相互に理解することは困難である。

こうした状況を打開するためには、学校がまず情報公開や説明責任を果たすために、地域に向かって「情報」というボールを投げかけることが必要である。その際、大切なことは、ボールを単に投げっ放しにするのではなく、学校として、ねらいを定めて投球・捕球することに努め、キャッチボールをできるだけ継続させることである。

② 相互補完の段階

「学校での教育活動や子どもたちの様子を地域の人々に知ってもらう」「地域での子どもを対象とした取組みの様子などについて教職員が情報を得る」といったことを重ねるうちに、次第に学校・地域双方の取組みのうまくいっているところ、手薄い部分、また、学校・地域それぞれが得手不得手としている面が浮き彫りになる。

同時に「学校」というところの特性に対する地域側の理解や、いわゆる地域の教育力（ヒト・モノ・コト等）の把握も進むので、お互い長所を生かしながら、手薄な部分、不得手な面を補い合うという関係に移行していく。

③ 協働の段階

従来、「学校と地域とが連携している」という時、往々にしてこの相互補完の段階の取組みをさす場合が多かった。

しかし、相互補完の段階では、あくまでも学校・地域がそれぞれに立てた目的を達成しようとするために、一方が他方に貢献・協力するという関係に止まりがちである。

「学校と地域とが同じ目的を達成するために、意見交換を密にした上でともに活動に取り組み、その成果も互いに共有する」という「協働」の段階は、このように「情報交換・連絡調整」「相互補完」の各段階を経て、その上でようやく道が拓けるもので、なかなか到達することはできない。しかしながら、これからの学校と地域との新しい関係を築く上では、登壇すべき重要なステージとなるのである。

「学校づくり」から「地域づくり」へ

これまで、「いじめ」「性非行」「薬物乱用」「不登校」やいわゆる「学級崩壊」など、子どもたちをめぐる課題が多様化、複雑化し、学校だけでは解決が困難になってきたことが、学校・家庭・地域の連携・協力の必要性が唱えられてきた1つの要因であった。

しかしこれからは、学校支援ボランティアの受け入れやさまざまな体験学習の実施など、家庭や地域の教育力を活用した取組みが盛んになればなるほど、三者による連携・協力の実効性がより求められるようになってくる。

「総合的な学習の時間で、地域の人々が学校支援ボランティアとして活動する」「学校と地域で別々に実施していた運動会を合同で行う」「地元の商店会の協力を得て、職業体験学習を実施する」。

このように、学校が地域との協働による開かれた学校づくりに取り組むことにより、保護者や学校評議員といった限られた人々だけでなく、これまで以上に多くの地域住民が学校の教育活動に関わりを持つようになってきている。

しかし、そうした地域の住民が、学校からのさまざまな協力依頼を受ける際、現状ではその教育活動の枠組は、すでに学校側で決められていることが多く、結果、地域住民の側が自身の予定をやりくりして期待に応えられるようにする、という場合がままある。

一方、「校庭、体育館、図書館、特別教室等の学校施設を地域に開放する」、あるいは「地域の住民を対象とした公開講座を開く」といった、地域住民の生涯学

習ニーズに応えるために、学校側がいろいろと工夫するということは、地域の教育力の導入に意を用いることに比べて、まだまだ消極的という状況にある。

このような学校と地域との関係は、「始めに学校の都合ありき」であって、多分にバランスを欠いた状態と言える。学校と地域がお互いの立場や事情を理解し、尊重し合うという方向で関係改善が図られない限り、このままでは早晩、学校は地域側の協力を得られなくなってしまうだろう。

しかしながら、子どもたちに質・量ともに充実した教育の機会を用意する責任は、学校だけでなく、家庭や地域社会にも求められる。学校・家庭・地域それぞれが、また相互に協働してできることは何かを真摯に検討し、実行していく必要性がここにある。

子どもたちのために、学校は家庭や地域社会にどのようなことを求める必要があるのか、また、現実にどんなことが求められるのか。

さらに、家庭や地域社会は学校に対してどのようなことを望んでいるのか、また、どんなことが応えられるのか、といった課題への答えは、当然のことながら学校だけでは導き出せない。

2006年に改正された教育基本法では、「学校、家庭及び地域住民等の相互の連携協力」の規定が新設された。たとえば現行、取組みが進んでいる学校支援地域本部は、これを具体化する方策の柱であり、学校・家庭・地域が一体となって地域ぐるみで子どもを育てる体制を整えることを目的としている。そして、学校教育の充実、生涯学習社会の実現、地域の教育力の向上をそのねらいとしているのである。こうしたことからも、協働の取組みを行う際に最も肝心なことは、学校・家庭・地域の三者が実効性のある意見交換を行える場と機会を、いかに設定するかということなのである。

子どもたちは、日常生活を送る中で、家族や友達、学校の教員だけでなく、多くの地域の人々に接し、さまざまな影響を受けたり与えたりしている。

たとえば、次にあげるのは、近隣地域で行われた教育懇談会に初めて参加した一地域住民の生の声である。

『近くの中学校で開かれた教育懇談会に出て、ふと思ったのは、子どもは学校を卒業したらやがて地域を背負って立つ若者になる。将来、私たちの町が住みよくなるもならぬも、その若者たちのあり方にかかってくるとしたら、我々地域の

者がもっと積極的に子どもや若者に関わっていかなきゃいけないのでは。』

　このように、生涯学習時代を迎えた今、改めて大人たちが子どもたちの学びと遊びに、どう関わっていくかを考えることが必要となっている。換言すれば、これまでの大人たちと子どもたちとの関係、また、教員と保護者と地域住民との関係を、新たな関係へと転換する時期にきているのである。

　この新たな関係構築のためには、従来の学校と地域との関係を見直し、たとえば「地域との協働による学校づくり」、あるいは「学校との協働による地域づくり」といった共通の目的を持ち、それを実現するためにともに行動を起こすことが有効である。

　こうしたことを通して、「学校づくり」の取組みは、保護者や地域住民に理解され、協力も得られる、地域ぐるみの取組みへと、大きく変わっていくことになるのである。そのことは同時に、教員や保護者や地域住民が、子どもたちや学校を支え、育てることを通じて、より親しみやすい「地域づくり」「まちづくり」に、自ずと参画していくことを意味するのである。

2．学校支援ボランティア

ボランティアとは

　ボランティアとは、自ら進んで地域社会や公共的な目的のために、自己の利益を求めずにその持てる技能や労力、時間を提供するもので、その活動は社会の発展や開発を積極的にリードしていくものであるべきとされている。

　この考え方は、次に記す1992年の国の生涯学習審議会答申などで示された「ボランティアの原則」が基になっている。

　①　自発性の原則

　　　ボランティアは公共機関や他人から強制されるのではなく、自発的意志に基づいて行われるものである

　②　公共性の原則

　　　ボランティアは特定の人たちの単なる利益につながるものではなく、社会や公共の福祉に役立つべきものである

③　無償性の原則

　ボランティアは活動の見返りとして金銭的報酬など物的利益を期待すべきではない

④　先駆性の原則

　ボランティアは画一的に取り組まれるだけではなく、社会の発展や開発をリードするものである

　こうしたボランティアのうち、主に小・中学校、高等学校や特別支援学校の場で活動するボランティアやその活動自体を、特に「学校支援ボランティア」と呼ぶ場合がある。学校支援ボランティアの活躍を期待し、受け入れようとする学校の教員としては、この「ボランティアの原則」について、念頭に置いておく必要があろう。

> **コラム：学校支援ボランティアが求められる背景**
> 　現状として、学校内部には、教員の平均年齢の上昇、外国籍児童の増加、少子化による学校規模の縮小に伴う教員減など、さまざまな原因が入り混じり、学校教育をその内部人材だけで運営することが難しくなってしまったという問題がある。他方、学校外部には、団塊の世代の集団退職など、地域の高齢化が進む中で、高い技術や専門知識を持った人材が自己実現を果たす場所が確保できていないという問題が存在する。学校支援ボランティアは、この２つの問題を仲立ちしながら解決していく可能性を持っているのである。

学校支援ボランティアへの期待

　1997年以降、国が学校支援ボランティアという言葉を使用する以前から、一部において平和教育の一環で戦争体験を伝えたり、農地を提供して田植えや稲刈りを体験させたりなど、学校の教育活動に協力している保護者や地域住民はあった。

　しかし現在では、学校支援ボランティアの活動内容・領域は、教科指導、特別活動、部活動、進路指導などのさまざまな教育活動支援や、草刈り、トイレ清掃や花壇、図書室の環境整備や読み聞かせなど非常に多種多様になっている。このように、学校支援ボランティアの活動が活発化した理由として、次の点が上げられる。

① 教育改革の必要性
　ア　いじめ、不登校や校内暴力、いわゆる学級崩壊などの教育課題に対しては、もはや学校単独での対応は困難であり、地域社会と連携して課題解決に当たる必要があること
　イ　これまでの学校の閉鎖性を廃し、開かれた学校づくりを進め、家庭や地域と積極的に連携・協力を図ることが求められていること
　ウ　教育内容の多様化に対し、教員たちだけでは質的量的対応が難しくなってきていること
　エ　問題解決学習や体験学習の実施に際して、学校外部の人材や教育資源を活用する機会が増えたこと
② 生涯学習の活発化
　ア　生涯学習の成果を生かしながら、同時に子どもたちの健全な成長に貢献できることに喜びや生きがいを見いだす人が増えてきたこと
　イ　地域住民にとって最も身近な公共施設である学校を、地域コミュニティの拠点としようという動きが現われてきたこと

　学校支援ボランティアの活動は、単に学校教育の課題解決の手助けをすることに止まらず、ボランティア本人の自己実現を果たすことはもちろん、学びや遊びを通じて大人たちが子どもたちとふれあう機会が増えることにもつながる。また、学校内や近隣地域での学校支援ボランティアの活動が起点となって、大人も子どもも含めた地域社会の活性化へつながる可能性を有している、という点でも期待がかけられる。

学校支援ボランティアの課題
① 受け入れに当たっての留意点（学校側の課題）
　活動領域の拡大　　学校支援ボランティアというと、児童生徒の前で講話をしたり、教員とティーム・ティーチングで学習活動を直接指導・支援したりすることがイメージされがちである。
　しかし、学校側がそうした場面だけを想定してボランティアの導入を図ることは、ボランティアの活動領域を狭めてしまうことにつながりかねない。実際、地

域には子どもたちに披露できる特技や技能は有していないけれども、何かしら学校の役に立ちたい、あるいは子どもたちとふれあう機会が持ちたいと思っている人がたくさんいる。そうした人たちに門戸を開くためにも、図書の整理や花壇の手入れ、施設補習や塗装、また通学安全指導や校外学習時の引率など、さまざまな場面でのボランティア活動の開発が期待される。

活用から協働へ　学校では、現状において「地域人材の活用」と「学校支援ボランティアの受け入れ」が、ほとんど混同されていて境界が曖昧になっている。前者は、学校が企画した教育活動を行うに当たって有効・有益な地域人材を活用する場合で、学校の都合が優先されて、住民が主体性を発揮できる場面はあまり用意されていない。

一方、学校支援ボランティアの活動は、学校に関わるきっかけは学校側の呼びかけであったにしろ、活動内容そのものについては、学校側の一方的な依頼に限定されず、教員とボランティアとの協働によってよりよいものにしていく必要がある。改めて、ボランティアの自発性の原則の確認が求められる。

ボランティアへの対応　これまで、「地域人材の活用」に際しては、何がしかの謝礼が支払われる場合があった。そのためか、ボランティア受け入れ上の最大の課題として、謝礼の問題を上げる学校が多くある。学校予算には限りがあるので、このことがネックとなって学校支援ボランティアの受け入れがなかなか進まない一因にもなっているが、これからは謝金や図書券に替わる対応を工夫する必要があるだろう。

学校によってはボランティア保険を用意したり、ボランティアが日常的に学校の施設を使えるように活動上の便宜を図ったり、あるいはボランティアに対するオリエンテーションや研修を実施しているところもある。しかし、何よりも大切なことは、ボランティアとともによりよい学校をつくっていこうという熱意がボランティア側に伝わることである。

② 活動に当たっての留意点（ボランティア側の課題）

子ども理解　学校は公教育を行う場であり、そこにはさまざまなルールがある。ボランティアであっても、学校教育に関わる以上、学校のこと、それ以上に今の子どもたちの現状について、ある程度の知識をもつ必要がある。もちろんこれらは学校側からの情報提供に負うところが大きいが、わからないことは積極的

に教員に聞くようにすることが大切である。ボランティアの側も教員とのコミュニケーションや意見交換を意識的に行うことが求められる。そうした行動は新たなボランティア活動の場や機会の開拓にも繋がるからである。

学習プログラムづくり　特に学習指導面でボランティア活動を行う際には、ボランティアが「何を」「何時間で」「何を使って」「どのように」行うのか、さらに費用はどの程度かかるのか等がわかる、簡単な「学習プログラム」をつくることが有効である。プログラムがあれば、それをベースにできるので、それ以降の教員との事前打ち合わせを簡単に済ますことができるからである。また、ボランティア側のそうした行為は、本人の活動の広がりや深まりにもつながる。

教育委員会などの行政機関が用意しているボランティア人材バンクには、通常、登録者個々がどのような専門的知識や技能を有しているのかということと、登録者への連絡先が掲載されている。しかし学校としては、それだけの情報で安心して登録者にアプローチすることは難しい。

そこで、バンク情報として学習プログラムが添えられていれば、その内容から登録者の熱意や姿勢などを推し測ることができるし、実際に依頼した場合の授業展開のイメージも抱くことが可能となる。自ずと登録者への依頼件数が増えることになる。

このように、ボランティア活動は、それを導入する側にも、活動する側にも留意するべきことがあり、そのことに気を留めないでいるとやがてトラブルの元となるのである。したがって、学校支援ボランティアを受け入れる側の学校の教師としては、ボランティアを便利に使おうとしたり、活動を丸投げしたりすることは、厳に慎むべきことである。大切なことは、ボランティアとともに子どもたちにとって善かれと思う活動を創り上げていくことなのである。

3. 地域との協働性構築の一環としての学校開放

学校開放とは

一般に、学校開放という言葉からは、学校のグラウンドや体育館などの施設を地域住民に対して開放するということがイメージされる。しかし、生涯学習時代

における学校開放は、教師が学校のことをよりよく知ってもらうという目的のもと、単に学校の施設の開放という消極的なそれに止まらず、学校のもつ教育機能の積極的な開放も含めて進められていかなくてはいけない。

1990年の中央教育審議会答申「生涯学習の基盤整備について」の中で、生涯学習における学校の役割が次のように述べられている。

① 人々の生涯学習の基礎を培うことである。このことは、とりわけ小学校、中学校や幼稚園の段階で重要である。生涯学習の基礎を培うためには、基礎的・基本的な内容に精選するとともに自ら学ぶ意欲と態度を養うことが肝要である。

② 地域の人々に対して様々な学習機会を提供することである。このことは、とりわけ大学・短期大学、高等専門学校や専修学校に対して要請される。このような要請に応じて今日では、社会人を受け入れたり各種の公開講座を開催するとともに、図書館や体育館・運動場等の施設を地域の人々の利用に供する動きが広まりつつある。

このように、生涯学習時代における学校開放は、施設開放、機能開放、さらには聴講生制度の導入など制度面の開放といった点から捉え、進めていく必要がある。

言うまでもなく、学校は本来、児童生徒に対して教育を行う場所である。しかし、社会の複雑化や教育課題の増大に伴い、もはや学校だけでは子どもたちの健全な育成が果たせなくなってきたことを受け、改めて学校・家庭・地域の連携・協働が求められている。

学校開放により、学校や子どもたちに対する理解者が増えることは、学校にとっても歓迎すべきことであるので、校長をはじめとした管理職はもちろんのこと、教職員に対しても開放に対する積極的な態度が求められる。

学校開放上の課題

学校関係者からは「学校開放は行っているが、あまり利用されていない」という報告を聞く一方で、地域住民からは「学校は開放に積極的でない」という声を耳にする。双方の認識にズレの生じる１つの要因として、学校が開放に関する広報にあまり熱心でないということが上げられる。また、せっかく開放システムが

整備されていても、手続きが煩雑という場合も少なくない。その結果、利用者は一部の人たちに限定されがちとなる。

さらに、不審者による学校内での児童殺傷事件が契機となって、開放に対してブレーキがかかるようにもなった。

開かれた学校づくりを推進するのか、それとも安全対策のために学校を閉ざすのかが改めて議論を呼んだ時期があった。しかし、この問題はどちらか一方を選択するというのではなく、学校を今まで以上に開放しつつ安全対策を講じる、という方向で議論する必要があるだろう。具体的には多くの大人たちの存在で校内の「死角」をいかにして減らすか、ということを考える時期に来ている。そのためには学校・家庭・地域の関係者が相互に意識改革を図りながら、知恵と力を結集することが求められる。

そうすることで、学校を開放するうえで長年の課題となっている、管理責任の問題、開放運営組織の確立、予算面の拡充といったことが話し合われ、それぞれの地域の実情に応じた学校開放システムの整備に繋がることが期待される。

学校開放の取組み
① 学校施設の開放

近年、学校の体育館や運動場の地域住民への開放とともに、普通教室や図書室、また視聴覚教室やコンピューター・ルームなどの特別教室の開放も進められている。

さらに最近では、当初から開放を念頭において、特に社会教育施設と学校施設との関係性を強める試みも出てきた。

すなわち、学校施設と社会教育施設との複合化、学校施設の社会教育施設への転用化、学校施設と社会教育施設の共有化・隣接化などが上げられる。

これら新たな取組みの目的は、単に公共施設の有効活用に止まらず、子どもたちと地域住民との異世代交流の場と機会の開拓、地域住民の学校理解の促進やその延長として、地域住民が学校支援ボランティアとして活躍することなどを目指している。

② 学校の教育機能の開放

学校では、さまざまな専門性を有した教職員が働いている。最近では高校だ

けでなく、小・中学校の教員も、その専門性や技能を生かして公民館が主催する講座の講師を務めたり、学校施設を使って地域住民向けに公開講座を開く例が増えてきた。

　しかしこれらの試みは「児童生徒の教育をつかさどる」教員の本来の業務ではないため、あくまでも教員の自発性に委ねられており、取組みがあまり拡がっていないという状況がある。

　そうした中、教員とともに生徒が講師を務めたり、講座自体を授業化して児童生徒と地域住民がともに机を並べて学び、片や単位を認定し、片や修了証を発行しようという試みもあり、今後の動向が注目される。

学校開放の留意点

　現状における学校開放は、管理運営や予算上の問題、人的措置などシステム上の課題、また学校や教職員の消極性、保護者・地域住民等の学校への無理解や非協力などに起因して、必ずしも円滑に運んではいない。それでは、これからの学校開放をより円滑に進めるために留意することは何か。

　これまで、学校開放を促進してきたのは教育委員会などの行政機関だが、実際の実務はやはり学校の教職員に負うところが大であった。これからは教職員の負担を軽減するために、ユーザーである保護者や地域住民も、開放を推進する担い手として参加・参画することが求められる。具体的には、学校主導の開放ではなく、地域住民が主体的に学校開放組織を立ち上げ、管理運営に当たるという方法が考えられる。

　そうした組織の立ち上げや運営の成否は、往々にして推進役となるキーパーソンの存在のあるなしに大きく左右される。これからは、学校や行政や地域住民との間に立って、さまざまな調整にあたる人材が1人でも多く現われ、活躍することが期待される。

　また一方、都市化・少子化が進む今、集団としての子どもたちの遊びや学びの機会を保障したり、子どもたちの居場所づくりの観点からの学校開放の取組みも期待したいところである。

　こうしたことから、これからの教師には、学校開放というツールを活用して、地域のさまざまな人材や関係機関・団体を繋いでいくという、コーディネーター

としての役割も期待されるところである。

(伊藤　昭彦)

文　献
① 　神奈川県教育委員会『地域との協働による学校づくりマニュアル』2002 年。
② 　伊藤昭彦「ボランティアバンク／リストをどう活用するか」佐藤晴雄編『新編　教頭読本』教育開発研究所、2005 年。

第10章 子どもの知を創る
―研究者としての教師―

1. 教師にとっての研究とは

「教育公務員特例法」の第21条は「教育公務員は、その職責を遂行するために、絶えず研究と修養に努めなければならない」と規定し、第22条は「教育公務員には、研修を受ける機会が与えられなければならない」と定めている。つまり、教師の「研究と修養」は、教育法規においては教師の義務として、また教師の権利として位置付けられているのである。

法律には「研究と修養」が研修と記されているが、一般的に研究と研修と考えるとわかりやすい。学校の教師とは専門性の異なった教師で構成される集団であるが、最近では若手の教師の採用が増え、日常の職務を通じて行われる研修（On-the-Job Training、以下OJT）の役割がとても重要になっている。学校現場には日々の教育活動はもとより、校内研究という側面と校内研修という側面が存在し、それが教師の指導力向上に大きく役立っている。

では校内研究とはどのようなものなのだろうか。教育現場における研究とは、学術的な研究とは違って、子どもにとってどのような教材を使ったら教育的効果が上がるのか、どのような指導法をとると子どもに確実な力を身に付けることができるのかなどについて、実践的な取り組みを指すことが一般的である。

教師を対象とした研修はさまざまである。まず職務を適切に遂行するため、そして時代に応じた指導を行うための研修、経験年齢や校務分掌による研修などがある。法律で定められた研修として、初任者研修や10年次研修がある。また都道府県や市区町村が定める2年次研修、3年次研修などもある。要するに日々の職務を行いながら研修を進めるOJTである。一方、学校にはいくつもの校務を遂行するための組織が組まれており、その組織をまとめる主任（主事）が置かれている。教務主任、生徒指導（生活指導）主任（主事）、保健主任（保健主事）などがこれにあたる。その主任に対して行う研修を含めて、校長、副校長（教頭）、主幹教諭などの職層に応じた研修も行われている。

次に校内研修を挙げることができる。では校内研修とはどのようなものなのだろうか。その1つの例として「学習指導要領」の改訂に伴う研修を挙げることができる。平成20年度の小学校学習指導要領改訂によって、小学校のカリキュラムに「外国語活動」が新たに加わった。教師がどのような内容を、どのような方法で教えるかについて、ほぼ全国の学校でこれに対応した研修が展開されたのである。また学校現場には、有事を想定した避難訓練や不審者対応訓練、水泳指導前に行われる救急法、食物アレルギー発症時の対応研修などもある。これも教員研修の1つとなり、命を守るという意味ではとても重要な研修である。さらに教育の基盤である人権教育に関わる研修やいじめ防止研修などもこれに含まれる。教師は日々の仕事と同時に多くの研修を行っていることになる。

これらの研修は職務を適正かつ適切に進めるためのものであり、学校組織の中で職務を遂行するために教師の資質向上という側面においても大切な研修である。教師にとっては研修の形態で行う研究活動ということができる。

2. 学校現場に根ざした研究

学校における授業研究

各教科や領域などを対象にして、研究主題を設定して行う校内研究がある。多くの場合は授業研究として指導案をつくり、それをさらに分科会形式で効果的な授業の在り方を検討して練り上げる。この授業研究の主な内容には、

① どのような単元構成にするのか。
② どのような教材を用いるのか。
③ どのような指導方法をとるのか。
④ 子どもに対してどのような支援（手立て）を講じるのか。
⑤ どの場面で評価をし、どのような方法をとるのか。

などが含まれる。そして練り上げられた指導案に沿って研究授業が行われ、教師同士が見合い、その授業について協議が行われる。協議会では先の授業研究の内容によって協議が進められ、授業評価が行われる。授業における子どもの反応や学習状況を踏まえた実践的な研究なのである。教師が実際の授業を見た後に研究協議を行って授業改善を図る方法は世界の中では少なく、日本型の教師資質向上

策の1つになっている。

　学校という組織は、いろいろな専門教科や専門領域をもった教師の集まりである。専門教科の異なるメンバーで進める研究だから、特定の教科や領域の専門性を深く掘り下げるということにはならないこともある。しかしながら全教師が一丸となって同じ指導法を行うことで、指導者が違っても共通の指導方法、学年が進行しても系統立てて考えられた指導を展開することができる。これにより1人の教師が教科の高い専門性を発揮して指導をするより、教師全体の組織で継続的な指導をすることの方が子どもにとって大きな影響力を与えることもある。これが校内研究の強みでもある。また全教科を指導していかないとならない小学校教師にとってOJTをはじめとする校内研究は特に重要な役割を果たしているともいえる。

専門教科や領域で組織化された研究

　教師は、日頃から子どもに対する教科指導や生活指導など広範囲の指導を行う中で、自分の専門分野について実践を重ね、自己研鑽を積んでいるが、自分の専門性をさらに高めるために研究会に属している教師が多い。市区町村あるいは都道府県の単位で教科や領域ごとの研究会が設けられ、それに所属して研究活動を行うことで、教科や領域に関する専門性を一層高めているのである。たいてい、専門教科や専門領域が同じ教師同士が集まる集団なので、質の高い教科研究を進めているのが特徴である。これは自分の専門性をさらに向上させるために行われている研究といえる。

研究団体による教科・領域研究

　区市町村や都道府県という枠組みでの研究会以外にも、数多くの研究グループが存在している。区市町村や都道府県の研究会を公的な研究会としたなら、こちらは私的な研究会といえる。夕刻や休日などに手弁当で集まり、指導案を持ち寄って検討会を開いたり、授業実践を持ち寄って報告会を行ったりして、授業改善に努めている。時には授業公開も行われ、広く研究の実績が報告されることもある。公的な援助がないことが多いが、専門性を高めたいと思う教師集団であるので、質の高い研究となることも多い。

教育学としての研究

　現場の教師は、日々の子どもの学びを肌で感じ、評価テストを行わなくても子どもが学習内容を習得しているか否かを適時に判断し、常に子どもの状況を的確にとらえた上で指導方法の改善を図っている。要するに教師は指導を行いながら課題発見を行い、次の授業改善へ方策を練るのである。こうした経験を積み重ねることは、教育の質の向上につながることはいうまでもないが、それがただちに学問としての研究として成立するとはいい難い。要するにエビデンスに裏付けされた研究になっているとはいえないのである。データで裏付けをされることによってはじめて指導方法や内容が整理され、何が有効で、何が有効でないかを判断することができる。このことはまた研究が成果になるということにもつながる。こうした意味から、現場の経験や実践に基づく研究活動をさらに学問的裏付けされた研究へとさらに高めていくことが教師に求められよう。

3. 子どもの知を創る

理科を苦手とする教師

　ここで私が専門とする小学校理科教育を切り口にして研究とは何かを考えてみる。

　小学校教師の意識調査によると、6割を越える教師が理科の指導を苦手としている。その原因として、観察・実験の準備の忙しさ、観察・実験に使うための技能の不足、知識の不足が挙げられる。たしかに理科は観察・実験を伴うので、事前の準備や片づけに時間がかかるし、最低限必要な知識や技能もある。ただしここで気を付けたいことは、理科という教科は単なる知識や技能の伝達ではないということである。理科は自然の事物・事象から、問題を見付け、観

理科指導に自信がない教師

「理科の指導に自信がある」に否定的な回答をした小学校教員の割合は65.1%（約3人に2人）、「理科の観察・実験の指導内容に関して必要な知識を十分もっている」に否定的な回答をした小学校教員の割合は、58.2%（約5人に3人）であった。
（東京都教職員研修センター『平成24年度東京都教職員研修センター紀要（第12号）』より）

察・実験を通して技能を高めながら規則性を導き出し、知識を創り上げる教科である。

理科教育でめざすもの

　小学校の理科教育でめざすものを学習指導要領から考えてみる。小学校理科の教科の目標は、
　① 自然に親しみ、見通しをもって観察、実験などを行うこと。
　② 問題解決の能力と自然を愛する心情を育てること。
　③ 自然の事物・現象についての実感を伴った理解を図り、科学的な見方や考え方を養うこと。
の3つが挙げられている。①で明らかなように理科教育が目指しているのは、自然に接したことによって見いだされた問題を自らが観察や実験の計画を立てて実行することによって解決することであって、教師の指示による観察や実験ではない。②では、能力と心情を育てることがねらいであることが分かる。③では、観察や実験などの活動からの実感を伴った理解であり、科学的な見方や考え方を養うことである。したがって、先に述べたような知識や技能の伝達が理科の目的でなく、子どもが知を創る過程やその過程で得た理解が大切なのである。

問題解決の能力の育成

　とりわけ理科で重要とされるのが、問題解決の能力の育成である。ある自然事象を見たときに、何が原因でそのような事象が起きるのかを考え、観察・実験などを通して規則性を見付けるという一連の思考の流れの育成である。その基本的な問題解決の過程を図 10-1 に示す。
　基本的な理科の学習スタイルを第5学年「電流の働き」を例に挙げ、そこから何を研究として取り組んでいるのかを記す。

　第5学年「電流の働き」では、導線を巻いてコイルをつくり、そこに電流を流すと電磁石になるという学習である。先にも記したが、理科は導線をコイルに巻いて電流を流すと電磁石になるということを教え、そして覚えさせる教科ではない。

単元の導入では、電磁石を作ることから始まる。我々の生活の中にはたくさんの電磁石が使われているが、それはブラックボックス化してしまって目に触れることが少ない。そのため、子ども自らが電磁石を作るという共通体験によって意識を高めていくのである。実際にコイルを作って乾電池を用いて電流を流すと、磁石になっていることに気付く。そして電流を止めると、一気に磁石ではなくなってしまう。この事象から、電磁石は電流を流すと磁石になり、電流をとめると電磁石ではなくなるということを獲得する。実感を伴った理解がこれにあたる。コイルに電流を流すと電磁石になることを前提に、問題解決型の学習が始まる。

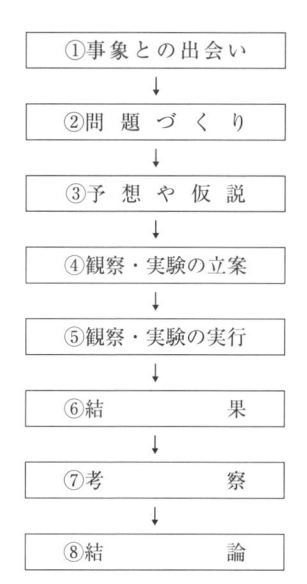

①事象との出会い
↓
②問題づくり
↓
③予想や仮説
↓
④観察・実験の立案
↓
⑤観察・実験の実行
↓
⑥結　　　果
↓
⑦考　　　察
↓
⑧結　　　論

図 10-1　問題解決の流れ

子どもたちはすでに第3学年「磁石の性質」で、磁石（永久磁石）についての学習をしてきている。そこでは、「物には、磁石に引き付けられる物と引き付けられない物があること。また、磁石に引き付けられる物には、磁石に付けると磁石になる物があること。」、「磁石の異極は引き合い、同極は退け合うこと」を身に付けてきている。磁石にはN極とS極が存在したのだから、電磁石にもN極とS極が存在するだろうと考える。極を調べるために方位磁針を用いると良いことも子どもたちは学んできている。子どもたちが作った電磁石の極を調べてみると、人によって極が違うことが分かる。

問題解決型の学習はまず、問題をつくることから始まる。例えば教師が「電磁石はどうしたらN極になったり、S極になったりするのだろうか。」などと問題を提示することはない。子ども自身から問題を見いださなくてはならない。しかし、「電磁石の問題をつくりましょう。」と教師が発しても子どもができるものでもない。どのようにしたら子ども自身が問題をつくることができるのだろうか。その手法を模索することが研究に値する。問題づくりの部分だけ取り出しても、多くの教師がさまざまな研究実践を行い実践報告されている。その中でも「比較する力」を用いると有効であることが分かってきた。N極になった電磁石とS極になった電磁石の2事象を見せて、「この2つ電磁石で共通していることは何

か」「この2つの電磁石は何が違うのか」共通点と差異点を明らかにして、そのずれから問題を見いだす方法である。しかしこれだけでも適切な問題をつくることができない。この事象であれば「なぜこちらはN極の電磁石、もう1つはS極の電磁石になるのだろうか。」などの問題がつくられる。これを見ると問題として成立しているようにも感じられる。しかし子どもの話を聞くと「どうしてこちらはN極になり、こちらはS極になるのか」という磁界に関わる仕組みを問題として設定していることが多い。磁界は小学校の学習では解決不能のことであり適切ではない。もちろん小学校学習指導要領に磁界に関わることは学習内容になっていない。本来、小学校で身に付けさせたい力はある事象とその変化の要因が何に関わっているかという関係性を考えることである。したがってより適切な問題というのは、何が要因で電磁石がN極となったりS極になったりするかということを考えることである。そこで「何が原因で、電磁石の極が変わるのだろうか。」となると、子ども自身で解決可能な問題となる。これで明らかなように、子ども自身が問題をつくることだけみても、多くのステップがある。良い授業を創り上げるためには、学習内容と扱う教材、子どもの認識能力に即した指導方法などを考案し、それらを相互に関連付けていくことが大切である。どのような手立てを行ったら子どもたちがどのように変容したのか、これを明らかにしていくことが教師の実践的な研究の課題なのである。

　この単元では、何が電磁石の強さと関わっているのかについても学習することになっている。この場面では、論理的な思考を育てることが重要である。先に記した指導法により「何が原因で電磁石の力が変わるのだろうか。」と問題がつくられる。ここで子どもたちは予想や仮説を立てることになる。この予想や仮説はやみくもに立てるのではなく、根拠を明らかにする必要がある。第4学年では、乾電池の直列つなぎと並列つなぎを学んできている。直列つなぎでは、電流が強くなるのでモーターの回転が速くなり、並列つなぎでは、電流が強くならないのでモーターの回転の速さは変わらない。この考えを用いるなら、電磁石に流れる電流の強さを大きくしたなら電磁石の強さが強くなるかもしれないと予想することができる。またそれ以外にも、コイルの巻数に着目する子どももいる。単元最初に自分で電磁石を作った体験から予想を立てる子である。はじめは電磁石でなかった導線を巻いて電磁石を作ったのだから、もっと導線を巻いたなら強い電磁

石になるのではないかという考えである。要するに導線の巻数と電磁石の強さという二量関係について考えたということであり、下の囲みのように表せる。このような考えとその根拠を明らかにした論理的な思考は、子どもたちに自動的に身に付くものではない。子どもの思考を促す発問を工夫したり、論理的な思考を助けるために言語活動としての話型を用いたりすることは重要な研究内容となる。

電磁石の強さの考え

〈第4学年の学習から〉
○電流の強さを強くすると、モーターの回転の速さが速くなった。
　　　　　　　↓
●電磁石に流す電流の強さを強くすると、電磁石の強さが強くなるだろう。

〈二量関係から〉
○はじめは電磁石でないものが、導線を巻いて電流を流したら電磁石になった。
　　　　　　　↓
●電磁石に巻く導線の巻数を増やしたなら、電磁石が強くなるだろう。

予想や仮説を立てたなら、実際に実験を行って調べることになる。電磁石を強くするためには、「電流を強くすればよいのか。」「導線の巻数を多くすればよいのか。」これらを調べるためには、「電流を強くすること」と「導線の巻数を多くすること」を同時に行ったなら、いったいどちらによって電磁石の強さが変わったのか分からなくなってしまう。そこで、1つずつの条件を制御して実験を行う必要があり次の囲みのように表せる。

条件制御って何？

〈仮説①〉電磁石は導線の巻数を増やしたら強くなる。
〈仮説①〉を調べるために、電磁石に流す電流の強さは一定にして、導線の巻数のみ
　　　を変えて調べる。

〈仮説②〉電磁石は導線に流す電流の強さを強くしたら電磁石が強くなる。
〈仮説②〉を調べるために、導線の巻数を一定にして、電流の強さのみを変えて調べ
　　　る。

実は第5学年で身に付けさせたい力は、この条件を制御して実験を計画する力にある。したがって教師が「今日はこの実験をします。」という指示での実験はあり得ないということになる。子ども自身に「電流の強さ」という条件と「導線の巻数」という条件を1つずつ制御して実験を行うことの意味を理解してもらう必要がある。実際の実験では、導線の巻数を一定にして電流の強さだけを変えたら電磁石の強さがどうなるのかを調べ、「電磁石は電流の強さによって電磁石の強さが変わる」という結論を導き出す。また電流の強さを一定にして導線の巻数だけを変えたら電磁石の強さがどうなるかを調べ、「電磁石は導線の巻数によって電磁石の強さが変わるという」という結論を導き出す。

　この「電流の強さ」や「導線の巻数」というのは学習指導要領で定められている内容であるので、すべての学校で行われている。私の授業ではコイルの中に入れる鉄心を別の金属にしたらどうなるのか、鉄心の太さを変えたらどうなるのか、などの子どもがつくった問題も扱った。学習内容を伝えることが目的であるなら、この問題は取り上げられないが、問題解決という資質・能力を高めるということにおいては大きな意義がある。

　この例により理科は知識や技能の伝達や教授ではなく、論理的な思考を創り上げる教科、未知のものを調べるための手続きを学ぶ教科ともいえる。このような手法で子どもの知を創る手助けをすることが大切な教師の役割である。教科や領域に関わらず、子どもの資質や能力を高めるためにどのような教材を用いたらよいのか、どのような指導方法で行えばよいのか、日々研究を重ねることが求められる。

教科横断的研究能力

　今まで私は、異なる教科や領域の課題を校内研究のテーマとして扱ってきた。理科を専門としている私にとって比較的専門性を発揮できたのが、算数科であった。算数は既習事項を基に、新たな問題を解決していく理科の問題解決型の授業ととても似ている。学習の対象が違ったり、活動の違いがあったりするが、授業づくりが似ているということになる。

　自分の専門とする教科を研究してきた教師にとっては、校内での研究がどのような教科や領域であっても進めるだけの力を備えているといえる。指導内容は

何か、教材は何を用いるのか、どのような指導方法を組むのか、どの場面で評価を行いどのような方法をとるのかなどは何も変わらない。日々研究を進める教師は、けっして専門教科や領域のみの研究をしている訳ではないのである。あくまでも教科や領域は、子どもの知を創るための窓口にすぎない。

4. これからの研究

「学校教育法」には、学力の3つの要素として、①基礎的な知識や技能の習得、②思考力・判断力・表現力の育成、③学習意欲の向上を挙げている。

本章では②の思考力・判断力・表現力の育成について中心に述べてきたが、①の知識や技能も大切である。知識の習得があってはじめて次への問題解決につながるし、技能をもとに観察や実験を行うことになる。そして③の学習意欲の向上は、現場教師の熱意や人間性と大きく関わる。これをもっと調べてみたいな、他のものはどのような規則性があるのかな、もっとできるようになりたいななど、子どもたちの研究への意欲や関心は、教師姿勢に大きく関わってくるのである。

教師による研究というと、なんだか難しい話のように聞こえるが、教師の仕事は事実上研究の連続である。教師は毎日、子どもたちの前に立って授業を行い、どのような指導をしたら、子どもたちがどう変わったかをしっかりと把握する必要があるからだ。子どもたちは、教師が何を求め、どのような授業を行っているのかを見ている。「教育は人なり」と昔から言われるように、教師自らが学習し研究する姿を真っ向から見せることが、子どもにとっては何にも勝る教育なのである。そして教師は子ども自身が知を創るために、今日も研究を続けている。現場教師の最大の願いである。

現場の教師は学校現場における豊富な経験知をもっている。現場教師と研究者が互いに情報を共有し合い、高め合うことが、これからの教育の支えになっていくのではなかろうか。

(阪本　秀典)

文　献

① 東京都教職員研修センター『平成 24 年度　東京都教職員研修センター　紀要（第 12 号）』2013 年。
② 文部科学省『小学校学習指導要領解説　理科編』2008 年。
③ 角屋重樹著『なぜ、理科を教えるのか理科教育がわかる教科書』文溪堂、2013 年。
④ 角屋重樹編著、石井雅幸編著、福田章人編著『小学校理科　これでバッチリ！観察・実験の指導』文溪堂、2012 年。

第11章 社会から信頼される学校づくり
― 不祥事防止と学校経営 ―

1. 開かれた学校づくり

　近年、子どもたちを取り巻く社会環境が大きく変化する中で、子どもたちに関する教育の課題が山積している。子どもたちの健やかな成長を支援するためには、学校単独で課題解決に取り組むだけではなく、学校が家庭や地域と連携して取り組むことも必要となっている。そこで、学校経営の一環として、学校を地域や社会に開く取組みが進められている。

　これまで学校は閉鎖的で、学校と家庭や地域の壁は高いと考えられていた。そこで、学校を開き風通し良くするためにさまざまな取組みが行われてきた。しかし、不祥事が起こっても学校が情報の開示をしないために、家庭や地域から学校が情報を隠しているのではないかという疑念を抱かれ、学校への信頼を失うことも往々にしてあった。学校に対する不信は、情報の提供量の不足から生まれることが多いのではないかと考えられる。したがって、管理職は、内部の教職員だけでなく外部である家庭や地域に対しても、必要に応じて学校の情報を提供することが求められている。開かれた学校づくりは、不祥事防止の取組みや学校の信頼の維持にも役立つと考えられる。

コラム：不祥事

　地方自治体などの行政機関の場合、地方公務員法第29条第1項において、懲戒処分に該当する場合が示されている。神奈川県では、この地方公務員法等を踏まえて、神奈川県職員等不祥事防止対策条例（2007年10月施行）を定めている。この条例によれば、職員等（教員も含む）が次の①～④のいずれかに該当する行為を行うことを不祥事と定義している。
　① 法令等（法律、法律に基づく命令、条例及び規則）に違反する行為
　② 職務上の義務に違反し、又は職務を怠る行為
　③ 県民全体の奉仕者たるにふさわしくない非行
　④ その他職務の遂行の公正さに対する県民の疑念や不信を招くような行為
　なお、神奈川県では「神奈川県職員行動指針」を策定し、県職員一人ひとりが理解し実践するよう徹底を図っている。

2. 学校経営の展開

　学校経営の基本となるのは、学校の教育方針（ビジョンなどの進むべき方向）である。この教育方針に基づいて、毎年学校目標を設定し、その目標達成に向けて、すべての教職員が教育活動を展開する。年度末には、目標が達成できたか、自己点検・自己評価に基づく学校評価を行い、その評価に基づき次年度の学校目標を設定する。学校目標や学校評価はHPで公表したり、校長が子どもたちや保護者、地域の方々に説明したりする。また、学校評価には、保護者や地域の方々の意見を反映することも求められている。学校経営は、通常P・D・C・Aサイクル、つまりPLAN（計画）→ DO（実施）→ CHECK（評価）→ ACTION（改善）のサイクルで行われることが多い。

　不祥事防止は、子どもたちの安全安心に必要なもので、学校経営の基盤に位置付けるべきものである。不祥事防止対策を実効性のあるものにするために、次のようなことが大切である。まず年度ごとに各学校で、保護者や地域の方々の意見を踏まえて、全教職員が参加して分掌や学年や教科などの活動におけるプログラム（目標や行動計画など）を定めること。次にそのプログラムをもとに不祥事防止対策をきちんと実施すること。そして実施結果を全教職員で検証すること。さらに不祥事防止のプログラムや検証結果を各学校のホームページなどに掲載し、保護者や地域と情報を共有すること。学校は内向きで閉鎖的であるという批判を受けることもあるので、学校経営の透明性の確保、学校教育への信頼の確保という意味でも、不祥事防止対策を子どもたちや保護者、県民に公開していくことが必要だと考えられている。

3. リスク管理の徹底

　リスク管理は、本来企業経営の管理手法であるが、教育という面に即して考えると、教育活動に生じるさまざまな危険を効率的に最小限抑える管理手法であるといえる。リスクマネジメントや危機管理と同じ意味で使用される。学校におけるリスクとは、子どもたちに害を与えるような事故や悪いことなどが起こる危険性のことである。そして、リスク管理とは、まだ起こっていないがこれから起

こる危険性のある事故や悪いことに対して、組織的に行う対策のことだとされている。したがって、学校におけるリスク管理の基本は、学校が教育活動を行う上で事故や危険などは必ず起こるということを予測しておくことであると考えられる。リスク管理を具体的に考えると、校内の組織体制の整備や教職員への研修などにより事故や危険などの起きる可能性をできるだけ低くすること、さらに事故や危険などが起きた時には、できるだけ被害を小さくする対応策をあらかじめ考えておくことなどが必要となる。

　学校におけるリスク管理の対象はさまざまであり、子どもたちが危険にさらされる可能性は非常に高い。したがって、子どもたちの安心安全を守るリスク管理の徹底は学校経営の基盤となる。子どもたちに害を与えるような課題としては、大地震や台風などの自然災害、不審者の侵入、伝染病の流行、交通事故、生徒指導上の問題（いじめ、暴力事件など）などのほかに、教職員による不祥事が考えられる。ここでは教職員による不祥事を中心に考えていきたい。

コラム：人権教育

「人権尊重の理念」とは、「人権擁護推進審議会答申」（1999年）によれば、「自分の人権のみならず他人の人権についても正しく理解し、その権利の行使に伴う責任を自覚して、人権を相互に尊重し合うこと」と記載されている。そして、「人権教育」とは、「人権教育及び人権啓発の推進に関する法律」（2000年）によれば、「人権尊重の精神の涵養を目的とする教育活動」と規定されている。「人権教育の目標」の中心は、「人権教育の指導方法等の在り方について［第一次とりまとめ］」（2004年）によれば、「［自分の大切さとともに他の人の大切さを認めること］ができるようになり、それが様々な場面や状況下での具体的な態度や行動に現れるようにすること」とされている。

---

4. 不祥事防止対策

　公務員は全体の奉仕者として公共の利益のために職務に専念しなければならない。特に公立学校の教員は、教育公務員として、子どもたちの教育に携わり、その人格形成に大きな影響を与えることから一般の公務員よりもさらに高い倫理観が求められている。また、教員は児童生徒の利益を最優先に考え、人権を尊重する人権教育を教育の中心に据えて教育活動を展開しなければならない。その教

員が不祥事を行うことなどあってはならないのである。しかし、現実には体罰やわいせつ行為を始めとしてさまざまな不祥事が多く発生している。この不祥事の続発により、学校教育に対する子どもたち、保護者、県民などの信頼は、大きく低下している。そういう厳しい現状の中で、学校教育に携わる教職員は不祥事防止に緊張感と危機感をもって真摯に取り組むことが求められている。

コンプライアンス

コンプライアンスは通常「法令遵守」と訳される。近年、企業では、法令や社会規範などに違反する不祥事が相次いだことから、株主や顧客などのステークホルダー（利害関係者）の立場に立って公正・公平に業務を遂行することが求められた。現在、企業経営の重要課題として、不祥事防止のためのコンプライアンスの重視が挙げられている。

企業におけるコンプライアンスの具体的な活動として、行動指針の策定、業務マニュアルの整備、法令遵守の教育の徹底、チェック体制の整備・充実、通報者を保護する制度の確立などが挙げられている。

コンプライアンスを学校の組織から考えると、企業と大きな違いはない。しかし、学校における教育活動は法や条例などに規定されているので、法令遵守の面では企業よりも厳格性が求められている。コンプライアンスを効果的に進めていくために学校が求められていることは、学校の使命や教育方針に基づいた教育活動を展開することである。

組織的な体制づくり

不祥事防止対策は、教職員全員が一体となって行う必要がある。そのためには、まず教職員自身が不祥事を自分の問題として考え、子どもたちのため、学校のため、自分の家族のためにも不祥事を起こさないという意志を強く持つことが大切である。不祥事に対する社会の目は非常に厳しく、不祥事を起こした場合、当人のみならず学校や同僚への批判も強くなる。当然のこと、学校に対する子どもたち、保護者、県民の信頼も大きく揺らいでしまう。不祥事は個人だけでなく、学校全体の問題である。学校が組織的に行うべき不祥事防止策として、次のようなことが考えられる。

① 不祥事防止に関する年間計画の作成・実行・検証

年度の初めに不祥事防止に関する課題（体罰の根絶、わいせつ行為の防止、個人情報の管理など）を抽出し、課題に応じて目標達成に向けた行動計画を策定する。年度を通して進行管理を行った後、年度末に目標の達成状況や、職務遂行上の課題と解決策などを検証する。そして、その検証結果を踏まえて次年度の行動計画を策定する。

② 意識啓発

不祥事防止対策として、教職員のモラルに訴えることは、非違行為などに対して有効である。朝の打合せや研修会、そして会議などを通じて、折にふれて管理職や教職員が不祥事防止についての話をするなど、絶えずあらゆる機会を通じて啓発し続けることはとても大切である。具体的な内容として、管理職などによる不祥事に関する注意喚起、外部講師によるモラルや人権意識の涵養、教職員などによる不祥事防止メッセージの発信、管理職による不祥事防止の月間目標の設定などが考えられる。しかし、モラルに訴えるだけでは不祥事を自分とは関係のない他人の問題として考えるようになり、不祥事防止の意識がなかなか教職員の心の中に浸透しにくいという課題もある。したがって、研修会では、セルフチェックや事例研究をもとにしたグループ協議やロールプレイ、そして学校内で実際に起こったヒヤリ・ハット事例の検討なども効果的である。また、学年や分掌などでの少人数の協議をもとに学校独自の不祥事防止対策などを考え、全体でまとめていくことも有効な研修となる。意識啓発では、自分自身の問題として考えられるか、校内での不祥事防止のルールづくりにつなげることができるかということなどが大切となる。

③ 職務遂行上のルールの徹底

不祥事の原因はルール違反にあるので、不祥事防止対策の中心はルール違反をなくすことだと考えられている。ルールとしては、法律、条令、規則、通知などに規定されている理念的なもの、そしてその理念的なものを基にして学校独自で作成する具体的なもの（マニュアル、規定、ガイドラインなど）が考えられる。ルールを教職員に徹底するためには、絶えずルールを守ることについて意識啓発を図ること、また業務を行う前に全員で必ず確認し共有することが大切である。

学校内のルールの遵守について点検体制の整備も重要である。点検体制につい

ては、組織的にまた効率的に整備できるように絶えず見直していくことが大切である。また、業務を遂行する際には人為的なミスは起こる可能性があるという前提で、教職員全員が協力してミスをカバーし合うという意識をしっかり持つことが大切である。各学校にある入学者選抜、成績処理、私費会計、個人情報の管理などに関する不祥事防止のルールをまとめて、ルール集のようなものを作成し、全教職員が常に手元に置いて絶えず確認できるようにすると便利である。

　不祥事防止対策の在り方として、モラルの遵守とルールの徹底が挙げられる。モラルの遵守は、わいせつ行為や公務外非行などの非違行為の防止につながり、ルールの徹底は業務の遂行上に起きる不祥事の防止に有効である。これまで不祥事防止の研修などでは、モラルの遵守が中心となる傾向があった。モラルの遵守も大切であるが、今後は各職場におけるルールの徹底を組織的に行うことも重要となっていくと考えられる。

④　風通しの良い職場づくり

　不祥事の発生の原因として、教育に対する教職員の意欲の低下、また規律の低下や職場の雰囲気の停滞などが考えられる。不祥事防止対策として、教職員としてのやりがいや使命感を再びもたせること、または職場のコミュニケーションを活性化することなどが必要となる。このコミュニケーションの活性化により、職務上の確認や若手の人材育成、そして他の教職員への関心の高まり、さらには同僚への注意喚起も可能になる。一方で、教職員の業務量は増えてきており、一部の教職員に業務の負担が偏る傾向がある。さらに、保護者や地域との関係で困難な対応を求められることも多くなっている。こういう職務遂行上の課題が、教職員のメンタルヘルスの問題と関係しており、教職員の不祥事の原因ともなっているという指摘もある。そこで、互いがチームの一員として信頼関係で結ばれている職場、共通の目標のために使命感をもって切磋琢磨できる職場、情報を共有し他人に気配りのできる職場、このような風通しの良い職場をつくることが求められている。

　最近は採用5年以内の若手教職員による不祥事も増加しているとされている。この不祥事の原因の1つとして、指導力やコミュニケーシ能力の不足からくるストレスや孤立の問題がある。学校現場では、若手教職員の人材育成の一環として、心理的な負担を軽減する取組みも必要となってきている。具体的な方策とし

ては、相談体制の構築、管理職や先輩の教職員などからの声かけや面接などの支援、若手教職員同士のコミュニケーションの場の設定、指導力向上ための研修の実施などが考えられる。

不祥事発生時の対応

不祥事が発生した時は素早い対応が必要となる。そのためには、学校としてあらかじめ対応策を作成し、全教職員に徹底しておくことが大切である。不祥事の内容や発生状況によって順序の相違もあるが、教職員が不祥事を起こしたときの基本的な対応は次のように考えられる。

① 不祥事が起きた現場の適切な対応
② 管理職への報告
③ 管理職による状況確認
④ 管理職から教育委員会への報告（一報）
⑤ 不祥事を起こした教職員への指導
⑥ 被害生徒・保護者への謝罪
⑦ 再発防止策の検討・改善
⑧ 全教職員対象の研修会等の実施（事例および対策の共有）
⑨ （事案によっては）報道機関への対応または全校集会および保護者説明会の開催
⑩ 管理職から教育委員会への報告（事故報告書の提出）

必ずしも不祥事とならなくても、またヒヤリ・ハットのような軽微なものであっても、問題となる事案が起これば、管理職に素早く、正確に報告する必要がある。

5. 個別課題の原因と防止策

学校における不祥事には、体罰、セクハラ・わいせつ行為、公務外非行の他、服務違反、調査書などの作成上のミス、個人情報の漏えい、会計の不適切な執行、交通事故などさまざまな課題がある。ここでは、特に社会からの信頼を大きく損なう不祥事について原因や防止策などを考えていきたい。

体罰の防止

① 概　要

体罰については、学校教育法第 11 条に「校長及び教員は、教育上必要があると認めるときは、文部科学大臣の定めるところにより、児童、生徒及び学生に懲戒を加えることができる。ただし、体罰を加えることはできない」とある。体罰防止で常に問題となるのは、懲戒と体罰の区別である。この区別については、「体罰の禁止及び児童生徒理解に基づく指導の徹底について（通知）」（24 文科初第 1269 号 2013 年 3 月 13 日）によれば、次のように示されている。

・教員等が児童生徒に対して行った懲戒行為が体罰に当たるかどうかは、当該児童生徒の年齢、健康、心身の発達状況、当該行為が行われた場所的及び時間的環境、懲戒の態様等の諸条件を総合的に考え、個々の事案ごとに判断する必要がある。

・その懲戒の内容が身体的性質のもの、すなわち、身体に対する侵害を内容とするもの（殴る、蹴る等）、児童生徒に肉体的苦痛を与えるようなもの（正座・直立等特定の姿勢を長時間にわたって保持させる等）に当たると判断された場合は、体罰に該当する。

・児童生徒から教員等に対する暴力行為に対して、教員等が防衛のためにやむを得ずした有形力の行使は（中略）体罰に該当しない。また、他の児童生徒に被害を及ぼすような暴力行為に対して、これを制止したり、目前の危機を回避したりするためにやむを得ずした有形力の行使についても、同様に体罰に当たらない。

---

② 影　響

・子どもたちに深い心の傷を残す。学習意欲の低下、不登校を引き起こし、いじめや暴力行為なども誘発する。

・生徒や保護者、社会からの教員や学校への信頼を失わせる。

③ 原　因

・この程度までは許容されるという認識の甘さがあること。
・体罰には効果があるという誤った考えをもっていること。
・自分の指導力に過信があること。
・指導観や児童生徒観が未熟であること。
・指導力が不足していること。
・コミュニケーション能力が十分身についていないこと。
・怒りの感情のコントロールができないこと

・人権意識が低いこと。
④ 防止策
・体罰に関する正しい知識をもつこと。
・体罰に教育的効果がないという認識を徹底すること。
・教科指導や生徒指導のスキルを向上すること。
・組織的な指導体制を確立すること。
・相互に言動を指摘し合える風通しの良い職場をつくること。
・対人関係の社会的なスキルを育成すること。
・人権意識の向上を図ること。

セクハラ・わいせつ行為の防止
① 概　要
　文部科学省の調査における「わいせつ行為等」とは、わいせつ行為およびセクハラ（セクシュアル・ハラスメント）をいう。わいせつ行為とは、強制わいせつ、買春、痴漢、盗撮、わいせつ目的をもって体を触ることなど。セクハラとは、一般的に相手の意に反する性的な言動により、相手に不快感を与える行為のこと。特に学校におけるセクハラを、スクール・セクハラと言う。被害の内容の例としては、「性的な内容のメールを送られる」「性的なからかい・冗談を言われる」「必要もないのに身体を触られる」「性的な関係を求められる」「ヌードなどを見せられる」「性別により役割を決めつけられる」など。
　最近は意識啓発が進み、教職員から子どもたちへのセクハラは減少傾向にあるとされるが、子どもたち同士のセクハラやいわゆるデートDVの訴えは増加している。スクール・セクハラが起きてしまった場合、解決にあたって被害者の救済を最優先に考えなければならない。その際に被害者のプライバシーの保護に努め、2次被害を受けないように配慮する必要がある。また、教職員が自校の子どもたちに対する私的なメールなどのやりとりをきっかけにして、わいせつ行為を行うという不祥事が起こっている。これは絶対に許すことのできない重大な問題である。

② 影　響
・人間としての尊厳を傷つけ、人権を侵害する。

・被害を受けた子どもたちの心に一生残りかねない深い傷を負わせ、その後の成長に影響を及ぼす。
・精神的な落ち込み、学習意欲の減退、不登校、腹痛、頭痛、吐き気などの症状を引き起こすこともある。

③ 原　因
・教職員と生徒の力関係を認識していないこと。
・教職員に人権尊重の意識や男女平等の意識が欠如していること。
・部活動や体育の授業などで身体に接触する場合もあること。
・教科準備室や教室など指導の場が密室になりやすいこと。
・教職員が自校生徒に対して携帯電話やメールを私的に使用すること。

④ 防止策
・セクハラに関する認識を深めること。
・子どもたちを性的な関心の対象として見ないこと。
・教職員としての立場を不当に利用しないこと。
・セクハラ・わいせつ行為は人権侵害との認識をもち、人権感覚を磨くこと。
・男女共同参画の視点に立って行動すること。
・性に関する受け止めは個人差があることを認識すること。
・子どもたちが意思表示できる環境を整えること。
・子どもたちや保護者、管理職や同僚などからの指摘や抗議などを受け入れ、繰り返さないこと。
・指導において、外部から閉じられた場所で生徒と1対1にならないこと、また可能な限り身体などに触れない指導を心がけること。
・子どもたちへの携帯電話やメールによる連絡は、公務など必要な場合にのみ認めるなど、学校としてルールを定めること。

公務外非行（盗撮、薬物乱用、傷害、窃盗など）の防止

① 概　要
　教職員の不祥事が相次いで起こっていることにより、県民の教育に対する視線はますます厳しくなっている。公務員は、地方公務員法第33条により、信用失墜行為は禁止されている。つまり、勤務時間内だけでなく、勤務時間外や職場外

の行動についても、「全体の奉仕者」として責任ある行動をとらなければならない。特に教員は未来を担う子どもたちを育てるという重大な使命と責任を負っているので、より高い倫理観が求められている。個人の非行であっても個人の問題にとどまらず学校の問題になることをしっかり認識すべきである。最近若手教職員による公務外非行が増加しており、人事上の大きな課題となっている。

② 影　響
・子どもたちや保護者、さらには県民に動揺と不安を与え、学校に対する信頼を大きく損なうことになる。
・学校教育全体に対する信頼を根底から揺るがす。

③ 原　因
・公務員としての意識の欠如。
・非違行為を行いやすい個人の資質。
・職務上の課題をうまく処理できないストレスなど。
・教職員同士のコミュニケーションの不足、職場における孤立など。

④ 防止策
・公務外非行の防止に関する意識啓発を絶えず行うこと（教職員が自分のこととして考えられるような研修が必要）。
・管理職などが教職員に声かけを行うこと。
・職務上あるいは個人的な悩みを相談できる体制を整備すること。
・管理職はじめ全教職員の協力のもとで明るく風通しのよい職場づくりを進めること。

（小泉　力也）

文　献
① 阪根健二編『学校の危機管理最前線』教育開発研究所、2009年。
② 八尾坂修編『教職員の不祥事を防止する学校マネジメント』教育開発研究所、2005年。

第12章 子どもは地域で育つ
―地域文化の伝承者としての教師―

1. 地域の生活の中にある教育力

鮮魚を3枚におろした保育士

　東京都心の近くのある保育園に、幼少年期を田舎で育った1人の保育士がいる。その名はハヤト先生。

　ある時、故郷から送られた鮮魚を園児の前で、見事に捌いて3枚におろした。園児は歓声を上げて刺身にしてもらって食べた。この青年保育士は太平洋を目の前にして育った。ただ単に目の前にして育っただけではなく、自然に溶け込んで生活していた。親を初めとした大人から、見よう見まねで、経験を重ね、魚の捌き方を会得したのである。

　それが園児にとってはたまらなく眩かった。育つとは、いずれの場所であれ、その大地に腰を据え、根を張って生きることである。見事な「包丁捌き」に感動した園児たちは、やがて年を重ねるとともに、ハヤト先生の「包丁捌き」から「生きる」とは何かを考える日が来るであろう。その意味で保育士や教師は最大の教育条件である。もっと言えば教師こそ最大の教育内容であるともいえよう。

　この保育師に見るように、彼が勤務している保育園は、自然とともに生きることを保育、教育の根底に据えている。雨の日にはビニール袋に穴を開け、パンツ代わりにして屋外に出て遊ぶ。散歩中に野イチゴやイタドリをとって食べ、しいの実を保育園に持ち帰り煎って食べる。ザリガニと遊ぶ。幸いに、この保育園は自然と樹木に囲まれており、観察、栽培、育成、採集など四季折々の体験ができる。

　この保育園の園児（年長組）は、東日本大震災の日がたまたま高尾山への山登りの日であり、帰園途中であった。電車は立ち往生した。「車中で一夜明かすことになるかもしれない」と聞いた園児達は動揺しなかった。結果的には、夜半になって帰宅困難者ために用意された小学校で一夜を明かした。それまでに、ハヤト先生と共に多くの体験を積み重ねていたから動揺しなかったのである。

長野県の、とある村に田植え・稲刈り・スキー合宿の経験を年々重ねていた。その上、道中はすべて公共交通機関を利用して往来するのが習わしで、自ら対応する力を蓄えさせようと意図していた。

多くの園児が、家庭では体験していない、布団の敷き方たたみ方や、和式便所の使い方などの訓練も事前にしたという。

東日本の大震災の時に、「子どもたちもイザという時の生活力を身につけることや、不便を学ぶことによって、資源の大切さを学ぶことが重要である」と言われた。それに耐えうる「ハヤト先生流」の教育があった。足元にある物、足元で起こる事柄すべてが教育資源であろう。

蛭にかまれた子ども

最近農村地帯でも、農作業にかかわる子どもたちが少なくなった。1つには農業が機械化されて、子どもの出番がなくなったことにもよる。田舎の学校でも、わざわざ近隣の農家に依頼して、田植え体験、稲刈り体験を授業化しているのも奇異な感じである。ところが、指導者は地域の高齢者であり、「該当校の教師は靴を履いて畔に立っている」光景に接した。教師のあり方も問われる。泥んこの田んぼに入ることを怖がっていた子どもたちは、間もなく水田と一体になって、秋の稲刈りに期待を繋いだ。

昨年都会から田植え体験にやってきた小学生は、初めて水田に入った。その農家は昔ながらの有機農業を持続しているために小動物が生息していた。中に昔ながらの蛭（ひる）がいた。蛭は人間の手足に吸着し吸血する小さな環形動物である。その小学生も親も蛭の正体を知らず、思いきり吸血されてしまった。親子は何事が起ったのかわからなかったのである。このことは親子にとって、田植えよりも印象に残った体験であった。そんな場合、昔の子どもたちは、吸い付いている蛭をすぐに取って塩をかけて蛭に一撃を与えることを知っていた。もちろん、最近では「塩」も用意されていない。昔は、いろいろな場面に対応する知恵を、子どもは子どもなりに備えていた。

田舎には田舎の危険な場面がある。例えば、その1つが「マムシ」にかまれた時の対応である。マムシにかまれたら、毒が体内に回らないようにする即座の対応が、昔の中学生であればできていた。近くにある茅（かや）の葉を逆さに持ち、噛まれ

た部位を少し切り裂き、毒を即座に絞り出すという対応ができていた。生活が教育力をもっていた。地域の生活の中に教育資源があった。子どもは地域という空間と環境の中で育っていた。地域での体験や文化が子どもの人間形成に大きな影響を与えていた。

このように地域文化は、画一化した学校教育が担えきれない役割を果たしていた。

それぞれの地域に、それぞれ多様な生活や文化があり、教師自らも、その中に身を置くゆとりもあった。そして、それらの知恵を教師も地域の中で学び取っていた。

しかし、時代とともに地域に根を張る教育が難しくなっていることは否めない。だからこそ逆に、地域に目を向ける教育が求められる。その原動力、パイオニアである教師への期待と責任は大きい。

日本の歴史をひもといてみても、子どもは、地域の中で大人から「まねる」ことを通して「学ぶ」ことを心得た。絵図は中世社会の様子である（黒田、1989、p.39）。

絵図は遊び半分で「見習い労働」をしているところ。墨壺で線をいれている大人の反対側（向かって左側）を子どもが持って固定している。「まねる」中で「学ぶ」体験をしている。

図12-1　遊び半分の「見習い労働」

教育には学校教育、社会教育など制度化されたものもあるが、もっと大きな教育力は、絵図に見るような生活や仕事、さらには地域の行事、祭り等や人生の節目になる通過儀礼など、そのものであった。いわゆるインフォーマルな教育がベースにあった。

ここで言うインフォーマルな教育とは、生涯の過程にわたって誰もが日常の経

第12章　子どもは地域で育つ―地域文化の伝承者としての教師―　　*131*

験や環境にさらされることから知識や技能や態度を身につけ、さらには洞察力を獲得し蓄積する。そうした日常の生活によって培われる教育である。
　一般的に見て、インフォーマルな教育は、非体系的なものであり、人間の全生活の中で築きあげる教育といえる。
　その視座から周りをとらえることが求められる。

神楽に魅せられた人生
　中国地方のあちこちで、神楽の保存継承が盛んに行われている。ある地域に、結成以来35年間の歴史を持つ「子ども神楽団」がある。
　ことの起こりは、その校区の地域と学校の一体化を図ろうとする、教師の努力によるものであった。「郷土の歴史学習」の一環として、小学校の学習発表会で5・6年生全員が地域の神楽師の指導のもとで神楽を舞った。それが契機になって「子ども神楽団」が結成され今日に至っている。今では1校区のみならず市内一円から、神楽に興味をもつ児童が集まり、手ならいをしている。地域の神楽師による指導のもとで継承されている。
　今でも「金ちゃん」の愛称で呼ばれ、親しまれている1人の青年がいる。彼は「子ども神楽団」の初期の習い手の1人である。地域文化の中で育まれた彼は、「子ども神楽団」では物足らず、神楽の名士の手ほどきのもとで、一流の神楽師に育った。今では、郷里で後続の指導に当たり「子ども神楽」の保存に情熱を傾けている指導者である。彼の関心は神楽から神社そのものへと深まり、神職の資格も取得し、今日ではとある神社の神職も務めている。あわせて、神職を目指す後輩の指導にも当たっている。地域の祭り（神楽）との出会いが人生の出発点になって、彼の今日はある。
　地域に生きた「金ちゃん」の子ども体験は、神楽だけでなく、生活のベースになっていた農業体験があった。農業の出発点である種や苗に注目し、それを扱う店で修業も積んだ。一方では農業の結実である農産品の料理に関心を深め、高校時代には地域の食材を生かした創作料理コンテストで受賞もした。今では農業に従事しながら後継者を育んでいる。そうした彼を育てたのは、地域の歴史や文化の伝統である。それに出会わせてくれたのは、伝承者としての教師であった。
　上記の事例で述べた「子ども時代の体験」は、身体と五感を通しての体験であ

り、いわばリアルな「本物」の体験である。それだけに印象深く感動を伴う。教科書だけの知恵や、インターネット、テレビ等から情報として手にしているバーチャルな体験では得られない本物の教育力を地域は秘めている。それが、今後見なおさねばならない教育の課題である。

2. 通過儀礼の持つ教育力

　通過儀礼とは、出産から葬送までの人生の折り目の儀礼のことであるが、そのことを通して、人々は家族や社会人として形成されていく。その節目節目との出会いが、人間の成長にとって重要である。しかし、その社会的意義が今日ではないがしろにされている。そのことにかかわって通過儀礼の重要性に注目してみたい。

祖母の葬儀

　中学3年生の、とある保護者が学校に電話で問い合わせてきた。「あのー、子どもの祖母が亡くなりました。実家の福岡で葬儀が行われます。ついては『息子』を葬儀に参列させようかと思いますが、学校は欠席あつかいになりますか。高等学校の入試の内申点に影響するようでしたら、行かせないことにしようと思いますが…」と。

　祖母の最後を見送るよりも、内申点を重視するというのである。「学校を欠席することで、内申点に影響することはないが、内申点よりももっと大事なものがある。宝物のように長年、愛情を注ぎ育み、見守ってくれた祖母の最後を見送り、お骨を拾うことは、何よりも大切な人間のあり方だ。それが何よりも優れた生き方だ」と対応して、教師は保護者を説諭したという。この教師の対応は見事であった。

　次第に、人の死に出会い、命を考えることの大切さが見失われている。それどころか、死者から子どもを遠ざけようとさえしている。たとえ葬儀に臨んでも、「骨を拾う」ということまでさせない場合が増えてきている。意図的に、人の死を日常から切り離している。人の「死と生」に出会うことは、人間にとって最も重要な通過儀礼である。他者の「死や誕生」に出会うことで、子どもは大人へと

成長していく。

ここに1枚の写真がある。大正時代の葬儀の後の集合写真である。注目したいのは、被写体60人の内23人が小学生以下の子ども達である（田原、2008、p.21）。

昔は子どもたちが日常の中で人の死に向き合っていたのである。それどころか、地域の葬儀は授業よりも優先されていた時代もあった。地域の生活の中にある行事や通過儀礼を教育資源として生かす営みが、かつての日本の教育を支えていた歴史があった。

図12-2　多くの子どもが葬儀の場に

家での死

一昔前までは、人の死も病院でのことではなく、その多くは家での出来事であった。

そのため、子どもたちも必ず家の中で家族の死に出会っていた。家族がなくなると家の中の「上の間」に、膝を抱えたようにして座らせるのが常であった。ある高齢者からの聞き取りで「私は当時6歳でしたが、強烈な記憶があります。それはなぜかと言うと、叔母さんが亡くなった後、すぐに目をつむがせなかったために、目を開けたまま硬直してしまったのです。座り棺だったので部屋の隅に座位で安置してありましたが、目を見開いていたので、気持ちが悪かったのを覚えています」と語った。

さらにある高齢者は語った。「祖母は死に際に、息子（角）に『角よー抱いてくれりゃあいいのにのー』と頼みました。息子が抱いてあげると、眠るように息を引き取りました。息子のほうは、母の死を自分の腕の中で看取ったのです」と語った。病院死などに比べて、はるかに豊かな人生の終わり方があった。

上記の2〜3の例は、「死」が日常の中にあり、その通過儀礼に出会うことが、いのちを育む教育資源であることを示す事例である。

出産に立ち会う子ども

最近子どもたちを、「赤ちゃんの出産に立ち会わせる」という「立会い出産」の意義を心する親たちがいる。3人目の出産に、長男・次男を立ち会わせた話を聞き取った。

たまたま夜間の出産であったので、第3子の出産に、小学校2年生の長男と、4歳の次男を立ち会わせた。長男は、母の手を握り「かあたん（母ちゃん）頑張って」と励まし、次男ともども母の生みの苦しみと、三男の誕生を自分の目で確かめたという。2人の子どもたちにとって「弟（二人称）のいのちの誕生」という節目に出会ったことが、将来にわたっていのちの尊厳を考える原点になるであろう。

かつての日本社会では、出産は産院ではなく、自分の家での出産であった。昔であれば出産風景はどこの家庭でも見られた、ありふれた光景であった。このような場面に出会うことの意味もないがしろにできない。

上記の出産に立ち会わせた両親の姿は、教育的営みであり、学校教育に携わる者も、そうした視座を大切にしたいものである。

次は、高齢者から聞き取った、昭和の初めころの話である。当時は、出産に立ち会う「助産婦」という専門的な人材はいなかった。お産に立ち会うのは、経験豊かな「取り上げ婆さん」と呼ばれる人が地域地域にいた。ところが周りに「取り上げ婆さん」がいなかったので、その高齢者は「14歳の時に、義姉の出産に立ち会った」と語った。「私はどうしていいか分からなかったのですが、おそるおそる姉さんのそばで、お産を見ていました」。臍の緒も出産した姉さんが、指示したところを切ったと言う。家の中に命の誕生があり、年端もいかない少女が出産に立ち会ったというのである。この事例に代表されるような出会いが、いのちを尊ぶ原点にあった。多様な生活体験が、子ども達を大人へと成長させていた。上記のような体験は、今日ではとうてい無理なことであるが、可能な限り、日常の生活や行事、通過儀礼などに着目して、教育資源を掘り起こし、教育内容に取り込む姿勢が期待される。

五香(ごこう)の話─「苦尽甘来」

　生まれ来た赤ちゃんに、まず初めに飲ませるのは母乳ではなく、「五香」と呼ばれる苦い汁を与える民間の風習が、過去に広島県内などにあった。フキノトウやフキの根の苦い汁を、初乳を与える前に、赤ちゃんの口に含ませた。「先に苦味に触れれば、母乳の甘さが分かってよく吸う」という風習である。このような地域文化があった。これは中国の長江流域に起源をもつ、子育ての文化であった。それが日本に伝来したものだと聞いて、重ねて感動した（田原、2008、p.196）。

　「苦」を味わった後に「甘」にありつけるという、教育的手法が、地域文化として根付いていたのである。そのことを中国では「苦尽甘来」（苦いものを経験したのちで甘いものにありつける）と言った。この民間の風習が、調査をした限りでは広島県に、1945（昭和20）年前後まで続いていた。

　人生の最初の体験としての「五香」で、苦い汁を口に含むことから始まり、その後、越えねばならない厳しいこと、悲しいことが人生にはたくさんある。その最たるものである、他者を通しての「人の死」との出会いが、子どもたちを大人へと脱皮させる。

　そのために、可能な限り苦楽の両側面を含んだ生活を丸ごと経験させることが、生活の基本として大切なことである。しかし、「苦」と「甘」、「生」と「死」などの両極を見すえ、その両極をまるごと体験したり、出会ったりする生き方が、今日では崩れつつある。

　「昼と夜」「光と闇」「外と内」「動と静」「騒音と静寂」「忙と暇」「学びと遊び」「労働と遊び」「個人になりきることと、集団になりきること」など、そのバランスの崩れた日常生活が背後にある。

　上記の事例で見たように「いのちの誕生と死」をはじめとする、人生の重要な節目節目の通過儀礼に出会う体験が、極めて重要な教育力になる。

　ところが、学校や学習塾は、えてして文化の上澄みだけを合理的、効率的に教え込むものになりつつある。言うまでもなく、「上澄み」の下には、必ず底にとどまっている沈殿物としての「澱(おり)」がある。「上澄み」の反対の極にある「澱」に目もくれず、不要なものとして視界に入れないのが今日の状況である。

　現在の教育に望むことは、上澄みだけの吸収ではなく、「澱」にも目を向けること、そしてその醸成過程をゆっくりと観察する姿勢である。

生まれること、死ぬることを初めとする、通過儀礼や地域文化を掘り起こし、伝承していくことが求められる。

通過儀礼の重要性

河合隼雄もイニシエーション（通過儀礼）について、その重要性を述べている。「未開社会においては、イニシエーションの儀式は必要欠くべからざるものであった。このイニシエーションを無くしたことが、近代社会の特徴なのであるが、そのことの意味について、我々はあまりにも無知であったので、青年期の問題をかかえこむようになった」と言う。「通過儀礼は、未開社会において、ある個人が成長して、1つの段階から他の段階へと移行するとき、それを可能にするための儀式である」と述べている（河合、1984、p.55）。

例えば、太平洋上の島に、明快な通過儀礼があった。それは「麻酔なしで奥歯を1本抜くことに耐えたら大人になる」というものであった。

日本社会でも、年齢相応の通過儀礼があった。1歳で「誕生餅を背負う」という通過儀礼は、直立して人生を歩み始めることへの儀礼である。成人式は、大人への通過儀礼であり、結婚式も、娘・独身男性に決別して、妻・夫に再生するための儀式である。「誕生から死」にいたる間には、今述べた以外にさまざまな節目がある。村の祭りや行事など、些細な節目も含めて、通過儀礼と言える。それらは、それぞれ後戻りをしないための「仕切り」の役目を担っている。その「仕切り」と、まともに対面して、子どもは大人になっていくが、その重要性を、今日、日本社会は見失ってしまった。通過儀礼との出会いが少なくなり、あるいは形骸化したために、子どもたちが大人になりにくくなったと言われる。その重要性を振り返りたい。

3. 地域文化を教材化する教師の力
―地域文化の伝承者としての教師―

「文化の多様性に関するユネスコ世界宣言」（2001年）は、「グローバル化の進展は、文化の多様性に対する挑戦である」と述べている。グローバル化のあおりで、地域固有の文化の継承が薄れて、個性的な文化のデコボコがなくなり、のっ

ぺらぼーな文化の伝承に傾斜しつつある。文化の「統一性」に比重がかかり、片方にある文化の「異差性」が軽視されつつあるが、双方の継承と調和が求められる。

「文化の多様性は人類共通の遺産」であり、その保持の重要性を、この宣言の第1条で謳っている。「文化の多様性の保全」のために、各国が、それぞれの国の地域文化をどのように守り、伝承していくかが課題であると提唱している。

たしかに、地域には無尽に教育資源としての独自な文化がある。ここでいう地域の教育資源とは、上記でみてきたような教育的意義を多分に含む地域の自然と歴史や風土、具体的には自然と一体になった日常生活・祭・行事・通過儀礼などである。

それを教育的視点で開発し、継承していくことが、重要な意味を持つ。画一化されがちな学校教育では担えない教育内容を、地域文化が埋め合わせるからである。グローバル化の進む世相の中で、地域固有の歴史や文化を掘り起こし、教育内容として伝承していくことが、古くて新しい課題である。

ユネスコが提唱する文化の多様性の保持は、具体的には地域文化の多様性に注目し、掘り起し教材化する継続的な教師の営みによってこそ可能のである。そのため、教師には「地域文化の伝承者としての資質・姿勢・努力」が求められている。

子どもは地域という個別の空間、環境の中で育っている。自ずと地域の文化は、子どもの人間形成に大きな影響を与えている。子ども達は一方の足を教室に置きながら、軸足は広く地域や世の中に置いていることを視野に入れなければならない。それゆえ、教室という空間、教科書という教材に閉じ込めてはならないと思うのである。

教室という空間

教室は原則的、日常的には、1人の成人と40人前後の未成年で構成された閉ざされた空間である。中でも小学校では、原則的・日常的には、1年間特定の教師との閉鎖的な時間空間が続く。教育の深化、人間関係の親密化にはふさわしいが、逆に閉鎖的であることの恐ろしさもある。それは、教師の世界観人生観に、良くも悪くも影響されやすいからである。教室に外の風を取り入れるという基本姿勢が肝要である。

教科書という教材

　学校教育には、全国共通に担わねばならないことがある。それは、国民として等しく保障されねばならない権利としての学習内容である。しかし、一方では教科書では補うことのできない、地域地域で独自の教育内容がある。地域の特性や、地域独自の文化風習、さらには恵まれた自然などが教育内容として生かされねばならない。

　地域には無尽蔵な教育資源があり、それを開発し継承していくことが、学校教育にとって重要な意味を持つ。教師の意欲と力量が問われるところである。

教える立場と学ぶ立場

　子ども達の背後には、親兄弟をはじめ、地域の多様な人々と文化や行事がある。そのことを心得て子ども理解をすることと、地域の文化を教材として教室で生かす営みをすることが求められている。「教えるという立場」の一方では、児童生徒の背後を「学ぶという立場」があることも踏まえることである。

（田原　開起）

文　献
① 黒田日出男著『絵巻　子どもの登場　中世社会の子ども像』河出書房、1989 年。
② 田原開起著『死と生の民俗』近代文芸社、2008 年。
③ 河合隼雄著『子どもの教育を考える　2　大人になることのむずかしさ』岩波書店、1984 年。

第13章 教師像の変遷からみた教職観
―専門職としての教師―

　教師は専門職（professional）といわれて久しい。しかし、教師は、専門職として広く認められている医師や弁護士等と比べると、とりわけ専門性と自律性が不充分といわれ、また経済的待遇や社会的評価も必ずしも高くないことから、「実態を伴わない専門職」あるいは「準専門職」とされる場合が多い。教師はそもそも伝統的な専門職には馴染まないとする考え方もあり、教職が真に専門職として確立されるためには課題が多いといわざるを得ない。本章の目的は、教師像の変遷から教職観を巡る議論を概観したうえで、教職の「専門職化」への諸課題を明らかにすることにある。

1. 聖職者か労働者か

　日本における教師像に関する議論は、大まかにいえば、「聖職者としての教師」から「労働者としての教師」、そして「専門職としての教師」という流れを汲む形で展開されてきたと見ることができる。もちろん、これらは一方がもう一方を克服する形で展開したのではない。今日においてもそれらは時には対立し、時には影響し合い、また補完し合う場合が少なくない。

「教師聖職者論」の出現
　「聖職者」は、『広辞苑』では「①人を導き教える聖職に従事している人。僧侶・神官・牧師など。②特に、キリスト教で聖職にある者」と説明される。本章でいう「聖職者論」は、教師を神に仕え、神の意志を代行する聖職者として位置づけ、その聖務に献身する精神主義的性格を強調するところに特徴がある。つまり、「聖職者としての教師」に期待されているのは、①人格的魅力と他人への模範性、②教育に対する強い使命感、③世俗の欲得にとらわれない清貧さと教育への献身的姿勢である。寺子屋の師匠に象徴されるように、聖職者は近代学校が発

足する以前から庶民の教育に深く関わり、社会的に尊敬される地位にあった。この尊師の伝統は近代学校制度の普及においても受け継がれた。この傾向はタイやカンボジア、ラオスなどアジア諸国でも同様にみられる。

　近代公教育制度の普及は、新型の学校教育に従事する教師を大量に養成することから始まったが、そのために発足したのが師範学校であった。1872年の「学制」に先立って「小学校教師教導場」の設置が提案され、やがて師範学校の制度化に発展する。この師範学校制度の歴史は、実は教師に伝統的な聖職者意識を醸成させ、「純良信愛威重」の気質に象徴される国家的道徳観を背負った教師像の構築の過程でもあった。初代文部大臣森有礼は、兵式体操と寄宿制を導入し、服従と規律を絶対化する師範学校における教員養成を強力に推し進めた。森は、教師を「教育の僧侶」「教育の奴隷」「隆盛なる国家を組み立てる土台の小石」に例え、教師が私利、私欲を利滅して徹底して国に仕えることを熱望した（森、1972）。「教師聖職者論」は、こうして1886年の「師範学校令」以降の師範教育と一体化して展開されたのである。1890年「教育勅語」が公布されると、教師に与えられた忠良なる臣民育成の使命がより一層明確化し、聖職者として自分を顧みず全身全霊で奉仕することが強要された。「教師聖職者論」は、「教師と生徒の間での物語」として共有されることで、生徒の学校に対する積極的な関与を引き出すとともに教師のモラールを支え、制度的には決して恵まれているとはいえない厳しい条件のもとにありながらも、学校をスムースに、そして人間的に機能させるうえで大きな力を果たしてきたことは、過小評価すべきでない（越智、2000）。もちろん、この「教師聖職者論」は「教師と生徒の間での物語」に止まらず、社会一般にも深く浸透したことはいうまでもない。また、これを単に権力者によって作られた虚像として一蹴することも適切ではない。日本の近代以前の教師像の特性として「道徳的性格」「消極的性格」「非方法的性格」「非職業的性格」が指摘されていることからも明らかなように、その背景には仏教や儒教の考え方があり、今日におけるあらゆる教職論も聖職論の主張を完全に否定して展開することができないからである。また、日本の近代公教育制度の普及において師範学校制度が担った歴史的使命と役割は充分に肯定されるべきであろう。

　戦前において展開された師範教育制度と「教師聖職者論」の一体化への批判は、概ね次の2点に集約される。

1つは、徹底した軍事教練主義的師範教育の副産物として、聖職者意識と裏表をなす卑屈従順、融通性の欠如、偽善的かつ権威主義的態度などを特徴とする所謂「師範タイプ」と称せられる教師への批判である。もう1つは、忠良な臣民を育成し、国家道徳の体現者として重要な職責を担うことに比して、教師が実際に置かれた社会的地位は決して高いとはいえず、経済的にも辛うじて生計を維持するにすぎない境遇に置かれた点である。この時代の教師の困窮ぶりを描いた文学作品も少なくない。田山花袋が実在の教師をモデルとして書いた「田舎教師」(1909年)は、人生と貧困に悩み若くして世を去った村の小学校の代用教員林清三を主人公として描いている。谷崎潤一郎の短編小説「小さな王国」(1918年)もまた生活に苦しむ教師の姿を描いた興味深い作品である。主人公の小学校教師の貝島昌吉のクラスに東京から沼倉庄吉が転校してくる。沼倉はいつの間にか学級内に共和国を作って自ら大統領となり、共和国内に通用する紙幣を発行し、その貨幣システムを実際に機能させる。主人公もやがてこの沼倉通貨の経済圏に巻き込まれてしまう。新しく生まれた赤ん坊のミルクを買う現金を手に入れなかった彼は、共和国発行の紙幣でミルクを買わざるを得なかったのである。右島洋介は「聖職者論」を「教師の経済的貧困と社会的地位の低下」を招き、「国民の教師に対する尊敬と期待」を「人を欺く手段」としたと批判した。つまり、教師を聖職者として祭り上げた所謂「教師聖職者論」は、実は教師の困窮を正当化するための欺瞞の手段として見なされるようになったのである。

この「師範タイプ」の教師と「聖職者論」の欺瞞性への批判は、やがて「教師労働者論」の主張につながっていくことになる。

「教師労働者論」の主張

「教師も所詮、1人の人間であって聖人ではない。教師にも生活と家庭を守る権利がある」と「教師労働者論」は、主張する。「教師労働者論」は、支配者に押し付けられた「教師聖職者論」の欺瞞性を暴き、教師を「学校を職場として働く労働者」に位置づけたのである。大正デモクラシー運動と1930年の日本教育労働者組合の結成に伴って形作られてきた労働者的教職観が、戦後の教育民主化を背景に一気に広まった。1947年に組織された日本教職員組合が「教師の倫理綱領」(1951年)において、「教師は労働者である」と宣言したことは最も象徴

的な出来事であった。同倫理規定は次の10項目から構成されている。
① 教師は日本社会の課題にこたえて青少年とともに生きる。
② 教師は教育の機会均等のためにたたかう。
③ 教師は平和を守る。
④ 教師は科学的真理に立って行動する。
⑤ 教師は教育の自由の侵害を許さない。
⑥ 教師は正しい政治をもとめる。
⑦ 教師は親たちとともに社会の頽廃とたたかい、新しい文化をつくる。
⑧ 教師は労働者である。
⑨ 教師は生活権を守る。
⑩ 教師は団結する。

　第8条の「教師は労働者である」に関する解説では、「学校を職場として働く労働者」「上から押し付けられた聖職者意識」「労働者であることの誇り」などの文言が用いられ、労働者階級の一員としての教師の立場と自覚が表現された。教師自らが聖職者意識を放棄し、労働者への転換を宣言し、新しい教師像を主張したのである。のちに、日教組と文部省の全面対立の構図が定着していくことに伴い、教師が聖職者か、それとも労働者かを巡る議論も二元論的論争へと泥沼化していく中、結果的には両者を包括中和する形で登場したのが「教師専門職論」であった。

2. 「教師専門職論」の論理

「教員の地位に関する勧告」

　戦後初期における「教師専門職論」は、「教職は専門職であるがゆえに教師の労働基本権は制限されるべきだとする視点」、あるいは「教師の社会的評価や待遇をより高めようとする視点」、さらには「教員組合に対抗するものとしての職能団体（専門職団体）を育成」しようとするものなど、基本的には勃興しつつあった労働者的教師観に対峙する形で提起された（高橋、2000）。
　しかし、「教師専門職論」が本格的に議論されるきっかけを作ったのは、いうまでもなく1966年にILO（国際労働機構）とユネスコによって提起された「教

員の地位に関する勧告」（以下「勧告」）であった。「教師専門職論」で必ず引き合いに出されるこの「勧告」は教師を専門職と位置づけ、それにふさわしい処遇を求めたことで知られている。

「勧告」は、教員の地位とは「教員の職務の重要性およびその職務遂行能力の評価の程度によって示される社会的地位または尊敬、ならびに他の職業集団と比較して教員に与えられる労働条件、報酬その他の物質的給付等の双方を意味する」ものであり、教育の進歩は「教育職員一般の資格と能力および個々の教員の人間的、教育学的、技術的資質に大いに依存する」との認識を示したうえで、次のように定めている。

「教育の仕事は専門職とみなされるべきである。この職業は厳しい、継続的な研究を経て獲得され、維持される専門的知識および特別な技術を教員に要求する公共的業務の一種である。また、責任をもたされた生徒の教育および福祉に対して、個人的および共同の責任感を要求するものである」（第6項）。

「勧告」は、さらに専門職としての教師の「労働条件」として「効果的な学習を最もよく促進し、教員がその職業的任務に専念することができるものでなければならない」とし、その職務の遂行にあたっては「学問上の自由を享受すべき」であり、特に教員の地位に影響するさまざまな要因のなかでも「給与はとくに重要視しなければならない」と主張する。「教員の地位に関する勧告」という名称からも示唆されるように、同「勧告」は教職に対する社会的尊敬、他の職能団体と同様の金銭的報酬等を含めた社会的地位の向上を主眼としたものであるが、教師を専門職と規定し、教員養成、現職教育、権利と義務、給与や労働条件、教員団体等の在り方に言及した点で注目された。1971年の中教審答申「今後における学校教育の総合的な拡充整備のための基本的施策について」、さらにその翌年の教育職員養成審議会の「教員養成の改善方策について」等において提案された建議からも明らかなように、「勧告」は日本の教員政策に対しても大きな影響を与えることとなった。しかし、一方、専門職の解釈、そして理念型の「専門職としての教師」と実態との乖離を巡って議論がくり返され、いまだ結論が出たとはいえない状況にある。

専門職とは何か

　教師が専門職か否かを巡る議論には、「専門職（profession）」とは何かを含め、教職は専門職であるか否か、教職専門性の中身は何か、教職は他の専門職と異なる特質を持っているか、教職の専門職化は如何にして可能か、などが含まれる。

　「専門職」の概念について、最も頻繁に引用されるリーバーマン（Lieberman, M.）の定義がある。リーバーマンは、その著書『専門職としての教育』（Education as Profession）の中で専門職をなす要因として次の8つを提示している（Lieberman, 1956）。

① ユニークかつ明確で、欠くことのできない社会的サービスであること。
② サービスを提供するうえでの知的な技能を有すること。
③ 長期にわたる専門的訓練を受けていること。
④ 個別の実践者として、また職業集団全体として幅広い自律性を持つこと。
⑤ 専門的自律性の範囲内で行われる判断や行為について、専門家としての個人が責任を負うこと。
⑥ 社会的サービスの組織やパフォーマンスは職業集団として任命されるものであるから、経済的報酬よりも社会的サービスを重視すること。
⑦ 包括的な自治組織を結成していること。
⑧ 両義性のある事象に対して明確に説明する倫理綱領をもつこと。

　1960年代以降、教職の専門職性や専門職化に関する議論が活発となるが、市川は「専門職の最大公約的属性」に注目して、①職務の公共性、②専門技術性、③専門的自律性、④専門職倫理、⑤社会的評価の5点を提起している（市川、1975）。一方、天野は「専門職」を「①高度に体系化された専門的知識・技術に基づくサービスを顧客（client）の求めに応じて独占的に提供する職業であり、②そのサービスの提供は営利より公共の利益（public good）を第一義的に重視して行われ、③そのことによって職務活動上の大幅な自律性（autonomy）と職業団体としての一定の自己規制力を社会的に認められる職業範疇である」（天野、1986）としているが、基本的にリーバーマンの定義を踏襲しているといえよう。

　八木は、弁護士、医師、看護師、社会福祉士、教師、公務サービス労働者などに共通するのは「対自然のものづくりとは異なる人間が人間を相手とする労働」であるとし、その「人間相手の専門職」の特徴として、①労働対象が人間である

ために、業務の範囲が限定されにくい無際限性、②課題達成の不確実性が仕事を困難たらしめるヒューマンサービス固有のメカニズム、③それらが誘因となって従事者の内面に引き起こされる自責性・無力感、④課題達成の不確実性にもかかわらず、実践成果についての固有の責任の在り方が問われること、を挙げている（八木、2000）。

　一方、教員政策の動向では、1957年7月に採択された中央教育審議会の答申「教員養成制度の改善方策について」が、ILOとユネスコの「勧告」に先立って、「教師としての職業は、高い教養を必要とする専門職業」と位置付けたことは注目に値する。また、1972年の教育職員養成審議会が「教員養成の改善方策について」において、専門職としての教師に求められるものとして、①教育者としての使命感と深い教育的愛情、②広い一般的教養、③教科に関する専門的学力、④教育理念、方法および人間の成長や発達についての深い理解、⑤優れた教育技術を挙げ、具体化された専門職としての教師像を描いている。このように「専門職としての教師」という視点による「教師に求められる資質能力」についての言及は、さらに1987年と1997年の教育職員養成審議会の答申に受け継がれていく。例えば、1987年の答申は「専門職としての教員の職責にかんがみ、教員については、教育者としての使命感、人間の成長・発達についての深い理解、幼児・児童・生徒に対する教育的愛情、教科等に関する専門的知識、広く豊かな教養、そしてこれらを基盤とした実践的指導力が必要である」とし、1997年答申では「今後特に教員に求められる具体的資質能力」として、「地球的視野に立って行動するための資質能力」「変化の時代を生きる社会人に求められる資質能力」「教員の職務から必然的に求められる資質能力」に分けて例示している。2011年に改訂された厚生労働省の「職業分類表」には、労働市場や各種の職場で使用されている約17,200種の職業名が採録されているが、教師は「専門的・技術的職業」の中の「教育の職業」として分類されている。

　しかし、教職の専門職としての位置づけの方向性が定まったとしても、課題は依然少なくない。例えば、前述の専門職の一要件とされる自律性を1つ取り上げてみても実に重大な課題を抱えているのである。専門職と呼ばれるためには専門的自律性が求められるが、教育に関しては「一億総評論家」という言葉に象徴されるように、教職には自律性を強調しにくい側面がある。また、「住民の学校経

営参加」「学校評議員制度の普及」「学校における外部人材の活用」「開かれた学校づくり」など、教育改革の趨勢はむしろ教師の職業としての自律性を弱体化させる方向へと進んでいるようにも見える。

3. 教師の専門職化は可能か

動態的過程としての専門職

　前述したように、教師が専門職として定着するためには多くの課題が残されているが、そもそも専門職の定義に完全に合致する職業など存在しないと見ることも不可能ではない。したがって、教師の専門職化を考える上で現実の専門職は理想型を目指すという意味、つまり「実態としてではなくプロセス」として捉えられるべきとする指摘は、示唆に富む（今津、1996）。

　専門職化（professionalization）とは、1つの職業が「理念型」としての専門職の持つ重要な諸特質を獲得、形成していく動態的な過程をいう。「理念型」とは、M.ウェーバーが用いた類型概念で、多様かつ流動的な事象を無前提的に把握することが困難なため、複雑な事象の中から本質的に知るに値する部分を取り出し、研究者の価値理念に基づいて構成された「思想像」である。「理念型」は特定の観点を一面的に強調し、研究対象から知るに値するものを多く採り、他の対象からは少し採るか、あるいはまったく採らないといった取捨選択的に作り上げた、現実に存在しない概念である。こうした意味から「教師専門職化」を教職が理念型の専門職の持つ諸特性を獲得し形成していく過程と見ることができる。

　「神の宣託（profess）」が語源とされる「専門職（profession）」に初めは牧師や神父、やがて大学教授（professor）、医師と弁護士が加わって古典的な専門職が形成されたが、専門分化が進むにつれそれ以外の職業が専門職の特性を獲得していくことで専門職の範疇も拡大された。以下では、「教職専門職化」の課題を教員養成段階における専門性の育成と新しく市民権を獲得しつつある「反省的実践家」としての教師像に焦点を絞って検討したい。

教師の専門性育成の課題

　ILOとユネスコの「勧告」が教師に求めた「専門的知識および特別な技術」は、長期にわたる教育と訓練、そして持続的な研修と研究活動によって獲得されるが、ここでは「専門的知識および特別な技術」を獲得する主要な手段としての教員養成の課題を取り上げる。

　1957年の中央教育審議会による答申「教員養成制度の改善方策について」は、「専門職業としての教員に要請される高い資質の育成のためには、教員の養成を大学において行うという方針を堅持すると同時に、開放的制度の下におけるこれらの欠陥についてはすみやかにこれに改善を加え教員の育成のための体制の整備を図り、その教育基準を確立しなければならない」と述べている。

　専門職としての教師に求められる専門的知識とは何か、それは如何に獲得されるかは必ずしも明らかではない。医学や法学のような専門性や方法論が確立したとはいえないのである。学部の1、2年次にマス・プロの講義で履修させる教職専門科目、短い実習期間、オプションで獲得できる教員免許、そして国家レベルの資格制度も、資格審査と監督の機能を持つ専門家協会も存在しないことを考えると、教師の専門性が制度的に保証されているとはいえない。例えば、看護師、管理栄養士、社会福祉士などの資格制度と比較してみると、教職課程修了時に授与される教員普通免許状というものは、他の領域でいえば単に国家資格試験への受験資格にすぎないのである。

　一般大学や学部において教職課程を履修する学生のほとんどが免許状取得のみを目的とし、実際には教職に就かない。教員免許状保持者の約8割を占める、所謂「ペーパーティーチャー」415万人の存在を、厳しい資格審査と厳格な質保障のシステムにおいて行われた専門性育成の結果といえるだろうか。教師の専門職化の最大の課題は、まずここにあるといえよう。

「反省的実践家」としての教師

　佐藤は、今日の複雑化し高度化した社会が教師に求める「幅広し教養と高い専門的見識」、そして「学校の危機的現象の複雑さと深刻さ」から、教科内容と教育原理と教育心理を中心に規定されてきた「技術的熟達者」としての「教職の専門性」は、「反省的実践家」をモデルとして再定義される必要があると指摘した

（佐藤、2013）。

　新たな専門家像として「反省的実践家」（reflective practitioner）を提唱したのはショーンであるが、佐藤自身ショーンの理論の紹介に大きく寄与している。ショーンが「次第に我々は、複雑性、不確実性、不安定さ、独自性、価値葛藤という現象を抱える現実の実践の重要性に気づいてきた」と記述しているように、「反省的実践家」が提唱された背景には、現代社会が抱える諸問題の解決において露呈された「技術的合理性」（technical rationality）の限界への認識があった。近代以降の専門職は、近代科学によって基礎づけられた「技術的合理性」を基本原理として成立し、その実践はまた科学技術の合理的適用の過程であったが、現代社会が抱える諸問題は複雑かつ不確実的であるため、厳格な原理によって細分化された専門的知識と技術技能の応用だけでは解決に至らない場合が多い。「技術的合理性」の視点からは、専門家の実践は問題の「解決」（solving）の過程とされる。選択や決定という問題は、すでに確立された目的にとって最適な手段を選択することで解決される。ここでは「問題の解決」が強調され、「問題の設定」は無視される。つまり、ショーンによると、「技術的合理性」の原理は、問題を解決するモデルを提示しても、「問題を認識し、問題を設定する」ことはできないのである。問題状況を問題として認識し、対処法のデザインへと転換することは技術の問題ではないからである。

　実践において、問題は実践者にとって所与のものとして出されているわけではないので、不確かな問題状況の中から問題を構成しなければならない。「技術的合理性」が機能するための前提条件は、予め目的が存在することである。「目的が固定し明らかであるならば、行為の決定は手段の問題となる。しかし目的が交錯し葛藤している時には、解決すべき問題はまだ存在しない」ことになる。こうして、ショーンは医師や弁護士のように実証的研究により権威づけられた「メジャーな専門家の知」に対して、教師や看護師のような「マイナーな専門家」の実践の中に埋め込まれ、科学的裏付けが困難なインフォーマルな知が持つ意味を明らかにし、その正当性を主張したのである。

　ショーンによると、教師や看護師の専門性は実践の過程における知と省察それ自体にある。つまり、教師や看護師は、その行為をなすことに有能であり、行為の中での反省的な洞察を通して自らの行為から学び、有効な方法と手段を選択し

行使することができる「反省的な実践家」なのである。「反省的実践家」の知は、「行為の中の知（knowing in action）」「行為の中の省察（reflection in action）」「状況との対話（conversation with situation）」という三つの概念で構成される（ショーン、2007）。

教師は専門職としての可能性を内在しているものの、内実を伴わない準専門職の扱いをされてきた中で、「反省的実践家」としての位置づけは教職の専門性の構築に新しい道筋を提供したといえよう。つまり、学術的原理と技術を教育実践に適用することを前提とする「技術的熟達者」としての教師が、より多くの原理と技術の修得を専門性向上の方策としたのに対して、「反省的実践家」としての教師は、実践の中で直面する個別的で具体的な問題状況の意味を思索し、自らの行為を省察しながら問題に立ち向かう実践的な思考力に専門性の基礎を置いているのである。このことは、また専門職の知識構成、専門家養成および現職教育のカリキュラムに対しても改革を迫るものであり、その動向が注目される。

（金　龍哲）

文　献

① 森有礼「埼玉県尋常師範学校ニ於テノ演説」『森有礼全集』(1) 宣文堂書店、1972。
② 越智康詞「『制度改革』のなかの教師」永井聖二・古賀正義編『《教師》という仕事＝ワーク』学文社、2000年。
③ 高橋庄造「教師の在り方」岡田正章、笠谷博之編『教育原理・教職論』酒井書店、2000年。
④ 市川昭午『教育行政の理論と構造』教育開発研究所、1975年。
⑤ 今津孝次郎『変動社会の教師教育』名古屋大学出版会、1996年。
⑥ 天野正子「専門的職業」日本教育社会学会編『新教育社会学辞典』東洋館、1986年。
⑦ 佐藤学「教師文化の構造―教育実践研究の立場から」稲垣忠彦・久冨善之編『日本の教師文化』東京大学出版会、1994年。
⑧ 佐藤学著『教育方法学』岩波書店、2013年。
⑨ 八木英二『ヒューマンサービスの教育』三学出版、2000年。
⑩ ドナルド・ショーン著、佐藤学・秋田喜代美訳『専門家の知恵―反省的実践家は行為しながら考える』ゆるみ出版、2007年。
⑪ Lieberman, Myron, *Education as a Profession*, Prentice-Hall, 1956.

第14章 仲間とともに成長する
―学び続ける教師―

　理想的な教師とはどのような存在であろうか。たとえば常に新鮮な驚きを子どもたちに与えることができる教師。これは理想的な教師の1つの姿ではないだろうか。

　新鮮な驚きを提供するためには、教師自身が新鮮な驚きに満ちた人生を歩んでいることが必要だろう。受け身の姿勢では、なかなか新鮮な驚きに出会うことはできない。積極的に感性を磨き、アンテナを高く張り、興味関心を持って外界に対峙し、探索する。自ら動くことで美しい豊かな自然に出会い、あるいはまた多くの人に出会う。そういった経験が新鮮な驚きとの出会いの機会を与えてくれる。

　大学で学び教員免許状を取得し、教員として採用され教壇に立てば、子どもたちからも保護者からも同僚からも「先生」と呼ばれる。教師は専門職であるが、では、その専門性を担保しているものは教員免許状だろうか、教員として採用された証しである辞令だろうか。

　教師はどのようにして教師になるのだろうか。必要なことは、常に学び続ける姿勢ではないか。教師とは完成されたものではなく、学び続け、成長するものであるのではないか。例えば、神奈川県教育委員会は「めざすべき教職員像」として、「人格的資質・情熱」「課題解決力」「授業力」の3点を挙げている（神奈川県教育委員会、2009、p.7）。詳しくは以下の通りである。

① 教職員としての人格的資質・教職への情熱
　◎ 豊かな人間性と社会性、高い対人関係能力とコミュニケーション能力をもっている。
　○ 子どもへの教育的愛情と責任感、教職に対する使命感と誇りをもっている。
　○ 高い倫理観をもち、公平・公正に行動できる。
　○ 変化に対応し、学び続ける向上心をもっている。

② 子どもや社会の変化による課題の把握と解決
　◎ 子どもをよく理解し、多様な教育的ニーズに対して適切に対処・指導できる。
　○ 得意分野をもち、個性豊かで、連携・協力しながら指導できる。
　○ 豊かな創造力をもち、新たな課題へ積極的に挑戦する意欲や実行力をもっている。
　○ 教職員全体と協力し、学校全体を意識しながら組織的に取り組むことができる。
　○ 保護者、地域の人々と協力して取り組むことができる。
③ 子どもが自ら取り組む、わかりやすい授業の実践
　◎ 子どものやる気を引き出し、意欲を高めることができる。
　◎ わかりやすい授業の実践ができる。
　○ 高い集団指導の力をもち、望ましい学級づくりができる。
　○ 授業研究を生かした校内研修に進んで取り組むことができる。

　なお、◎は保護者、学校評議員が教職員に臨む割合の最も高かった項目である。ここで語られている教師像は、人格的資質と情熱を持ち、子どもや社会の変化による課題を把握し解決することができ、子どもが自ら取り組むわかりやすい授業を実践できる人である。このように、めざすべき教師は、常に学び続け、成長する教師であるといえる。
　本章では、教師のほとんどをしめる公立学校の教員を念頭に、常に学び続け、仲間とともに成長する教師像と、それを支える研修制度や教員免許更新制などについて述べる。

1. 制度としての研修

教師にとって研修とは
　さて、教員について法的にはどのように定められているか概観してみよう。「教育基本法」においては、次のように定められている。

> 第9条　法律に定める学校の教員は、自己の崇高な使命を深く自覚し、絶えず研究と修養に励み、その職責の遂行に努めなければならない。
> 2　前項の教員については、その使命と職責の重要性にかんがみ、その身分は尊重され、待遇の適正が期せられるとともに、養成と研修の充実が図られなければならない。
>
> 　このように、法律に定める学校の教員には、常に研究と修養に励み、その職責の遂行に努めることが義務づけられている。また、そのような教員の専門性を担保するために、2項において教員の身分の尊重と待遇の適正、養成と研修の充実が求められている。
> 　また、「教育公務員特例法」の第4章「研修」においては、次のように定められている。
>
> （研修）
> 第21条　教育公務員は、その職責を遂行するために、絶えず研究と修養に努めなければならない。
> 2　教育公務員の任命権者は、教育公務員の研修について、それに要する施設、研修を奨励するための方途その他研修に関する計画を樹立し、その実施に努めなければならない
> （研修の機会）
> 第22条　教育公務員には、研修を受ける機会が与えられなければならない。
> 2　教員は、授業に支障のない限り、本属長の承認を受けて、勤務場所を離れて研修を行うことができる。
> 3　教育公務員は、任命権者の定めるところにより、現職のままで、長期にわたる研修を受けることができる。

　このように、教師が教育の専門職としての自覚を持ち、常に研究と修養に努める姿、いいかえれば、常に学び続け、成長する教師像とは法的に求められているものなのである。また教師は教育の専門家として崇高な使命を持つものであり、常に学び続けなければならない存在であるからこそ、その実現のために教師としての身分が尊重され待遇面で保障される。任命権者には教師の研修計画の樹立と実施が義務づけられている。

　つまり教師には、求められる職務の専門性の高さゆえに、研修を受ける義務と権利とが与えられているわけである。第22条において示されているように、教師は研修を受ける機会を与えられている。所属長の承認を得れば、勤務場所を離

れての研修も認められる。また任命権者の定めるところにより、教員としての身分を保ったまま大学や企業における長期研修を受けることもできる。このように教師が受ける研修とは法律によって守られた一種の権利なのである。だからこそ、教師は学び続けなければならない。

法定研修

　前述のように、教師が研修に努めなければならないことは法的に義務づけられているわけであるが、任命権者が法的に実施しなければならないものとして定められているのが、いわゆる法定研修と呼ばれる初任者研修と10年経験者研修である。

　「初任者研修」については「教育公務員特例法」第23条において、任命権者の責務として、「当該教諭等（政令で指定する者を除く。）に対して、その採用の日から1年間の教諭の職務の遂行に必要な事項に関する実践的な研修（以下『初任者研修』という。）を実施しなければならない」と定めている。

　「初任者研修」制度とは、教師としての日常業務を遂行しながら、そのために必要な事柄についての実践的な研修を行うものである。研修の内容については、後ほど触れることとする。

　「10年経験者研修」については「教育公務員特例法」第24条において、「初任者研修」と同じく任命権者の責務として「当該教諭等に対して、その在職期間…（中略）…10年を標準として任命権者が定める年数に達した後」に「個々の能力、適性等に応じて、教諭等としての資質の向上を図るために必要な事項に関する研修（以下『10年経験者研修』という。）を実施しなければならない。」と定めている。

　「10年経験者研修」は、採用後10年の在職期間を経過した教師について、教科指導、生徒指導等、指導力の向上や得意分野づくりを促すことをねらいとして導入された。後に導入された「教員免許更新制」との関係もあることから、以下、導入の経過を簡単に述べる。

　2000年12月、教育改革国民会議の最終報告書において、「教員免許状更新制の可能性の検討」が提言された。これを受けて、中央教育審議会が免許状更新についての検討に入ったが、2002年2月の答申「今後の教員免許制度の在り方について」において、任期制を導入していない公務員制度全般との調整の必要性や、

免許状授与の際に教員としての適格性を判断しないで更新時にのみ適格性を判断することは制度上無理があることなどが示された。そのため、更新制度の導入を断念し、代わって提言したのが、「10年経験者研修」であった。答申を受けて、2002年5月に「教育公務員特例法」が一部改訂され、2003年4月に導入された。

後述するように、2007年6月の教育職員免許法の改正によって、2009年4月から「教員免許更新制」が導入された。「教員免許更新制」は教員免許状に10年の有効期限を定めており、「10年経験者研修」との整合性については現在文部科学省において検討されている。

2. 行政研修制度

初任者研修、10年経験者研修に加えて、任命権者が独自にさまざまな研修を実施している。以下、神奈川県立総合教育センターで行われている研修を例に、教師の専門性の向上および教師のライフステージに対応した行政研修制度とその活用について述べる。

教職経験に応じた基本研修

神奈川県立総合教育センターでは、教職員のライフステージに即した研修（基本研修）として、初任者研修、1年経験者研修、2年経験者研修、5年経験者研修、10年経験者研修、15年経験者研修、25年経験者研修を体系的に実施している。研修内容は、前出の「めざすべき教職員像」で取り上げられた各項目、すなわち「授業力向上」「課題解決力向上」「人格的資質向上」の3区分で構成されている。（ただし養護教諭、栄養教諭は、「授業力向上」に代わり「専門力向上」の区分としている）。また研修内容には、必ず「研究授業」あるいは「実践研究」に取り組むことが含まれている。

初任から10年目までをファーストキャリアステージとし、採用から3年間を若手対象の「育成期間」と位置付け、組織的・計画的な人材育成に取り組んでいる。

10年経験者研修以降は、キャリアアップステージとし、各年次研修において組織マネジメントに必要となる視野の定着を図るとともに、所属校の課題解決に

資する実践的な活動へ生かすことのできる「実践研究」に取り組むこととしている。それぞれの研修日数・内容は以下の通りである。

① 初任者研修講座

採用1年目に受講する。学習指導や学級経営に必要な基礎的・基本的な知識や技能を習得し、組織の一員としての意識を高めることを目的とする。研修の形態（枠組み）としては、勤務校を離れての校外研修として年間18日、勤務校で取り組む校内研修として年間210時間に分かれる。

校外研修については、主に総合教育センターでの研修が中心となるが、ふれあい研修として1泊2日の宿泊研修や他校訪問等が設定されている。講座の内容・内訳は下記の通りである。

ア 「授業力向上」をテーマとして、授業技術や授業研究に関わる講座（9日）
イ 「課題解決力向上」をテーマとして、学級経営や児童・生徒理解等に関わる講座（2.5日）
ウ 「人格的資質向上」をテーマとして、モラールアップや人間関係づくり、意欲向上等に関わる講座（5.5　宿泊を含む）
エ 上記ア、イ、ウの課題に関わり総合教育センター等で実施する自己研鑽のための研修講座を選択（1日）

校内研修については210時間分を実施校で計画し、受講者は校内指導教員の指導・助言を受けて取り組んでいく。内容・内訳は下記の通りである。

ア 「教科研修」として、教科・科目、特別指導、総合的な学習の時間や自立活動（特別支援学校）の指導に関すること
イ 「一般研修」として、学校運営全般に関すること
ウ 上のア、イに関わる準備・まとめの時間

② 1年経験者研修講座

採用2年目に受講する。学習指導や学級経営の実践から明らかになった課題に対応するための基礎的な知識や技能の活用を図り、実践的指導力を充実することを目的とする。研修の形態としては、校外研修として年間3日が設定されるが、うち2日については、勤務校で日常の業務から離れて、研究授業の準備・実施・振り返りに取り組む。この2日のうち、かならず1日は総合教育センターの指導主事が勤務校を訪問するので、研究授業に関して、また学級経営や児童生徒指導

に関して、直接指導主事から指導・助言を受けることができる。指導主事による学校訪問サポートは、他の基本研修にはない特徴である。

③ 2年経験者研修講座

採用3年目に受講する。学習指導や学級経営の経験を踏まえ、基礎的な知識や技能の充実を図り、実践的指導力の向上を図ることを目的とする。研修の形態としては、校外研修として年間3日が設定される。

④ 5年経験者研修講座

採用6年目に受講する。学習指導や学級・学年経営に必要な専門的な知識や技能を習得し、全校的な視野に立った実践的指導力の向上を図ることを目的とする。研修の形態としては、校外研修として年間8日が設定される。異業種における多様な体験を通して社会的視野を広げ、体験を教育活動に活かすことをねらいとした「社会体験研修」を3日間課されていることが大きな特徴である。

⑤ 10年経験者研修講座

採用11年目に受講する。前述したように、いわゆる「法定研修」である。個々の能力、適性等に応じた研修を実施し、授業改善に必要な知識や技能を充実させ、組織的に授業改善を進めるための中堅教員としての力量向上を図ることを目的とする。研修の形態としては、校外研修として年間10日、校内研修として年間18日が設定されている。

講座の内容・内訳は下記の通りである。

> ア 「授業力向上」をテーマとして、教科指導における課題と工夫、授業改善に関わる講座（4日）
> イ 「課題解決力向上」をテーマとして、研修デザイン、実践研究に関わる講座（2日）。勤務校にて実施する「実践研究とまとめ」（校内発表会等）1日を含む。

「実践研究」とは、勤務校において主体的に実施する研修プログラムの1つであり、校外研修で得た知見やこれまでの経験等を生かして、自分自身や勤務校の教育活動に係る課題を明確にし、その課題解決に向けて、勤務校で取り組む研究である。これは10年経験者研修以降の基本研修に特徴的なもので、勤務校において教員自らが主体的に課題解決に取り組む研修として導入されたものである。

第14章　仲間とともに成長する―学び続ける教師―　157

> ウ　「人格的資質向上」をテーマとして、モラールアップや意欲向上等に関わる講座（3日　社会体験研修2日を含む）
> エ　上記ア、イ、ウの課題に関わり総合教育センター等で実施する自己研鑽のための研修講座を選択（1日　社会体験研修を1日増やすことで代替可能）

校内研修については18日分を実施校で計画し、受講者は管理職等の指導・助言を受けて取り組んでいく。内容・内訳は下記の通りである。

> ア　「授業力向上」として、中堅教員としての教科指導、道徳教育、総合的な学習の時間や自立活動（特別支援学校）の指導に関すること（3日）
> イ　「課題解決力向上」として、中堅教員としての学校運営、学級・学年経営、生徒指導、キャリア教育等に関すること（3日）
> ウ　「人格的資質向上」として、中堅教員としてのモラールアップ、人間関係づくり、人権教育等に関すること（3日）
> エ　「実践研究に係る研修」として、テーマ設定、研究計画、研究の推進、研究授業の実施、実施後の分析等（9日　校外研修の「実践研究とまとめ」1日を除く）

⑥　15年経験者研修講座

採用16年目に受講する。学校組織マネジメントの視点をもち、主体的に学校経営に関わっていく意識や実践的な指導力の向上を図ることを目的とする。研修の形態としては、校外研修として年間4日が設定される。勤務校にて実施する「実践研究とまとめ」（校内発表会等）1日を含む。

⑦　25年経験者研修講座

採用26年目に受講する。教育力継承に係る自らの役割について考え、若手・中堅教員をサポートするためのOJTの活性化を図るとともに、自らの今後のキャリアデザインを意識することを目的とする。研修の形態としては、校外研修として年間3日が設定される（勤務校にて実施する「実践研究とまとめ」（校内発表会等）1日を含む）。

指定研修・自己研鑽のための研修

基本研修以外にも、総合教育センターでは教職としての専門性を高めるため、教職員が主体的に取り組むことのできる研修を実施している。教科指導・授業力向上や教育課題解決、児童生徒支援、特別支援教育の推進など、さまざまなテー

マに関する研修講座を幅広く開設している。受講対象者を校内の役割などによって指定する指定研修と、長期休業中等に開講する希望制の自己研鑽のための研修がある。例としていくつかの講座名を挙げる。

「確かな学力を育む教科指導研修講座1小学校国語」
「学校教育におけるメディア・リテラシー研修講座」
「発達障害のある子どもの理解と支援研修講座」
「支援の必要な子どもへの学習支援研修講座～通常の学級でユニバーサルデザインの視点をいかす～」
「ネット社会とインターネット依存への対応研修講座」

---

3. 教員免許更新制

　法的に定められた研修制度や総合教育センターにおける教職員研修とは別に、教員免許状に関して、教師の専門性を担保するものとして導入されたのが教員免許更新制である。

教員免許更新制の概要

　教育職員免許法が改正され、2009年4月1日から教員免許更新制が導入された。教員免許更新制は、教員免許状に10年の有効期間を設け、教員として勤務する上で更新を義務づけたものである。教員として必要な資質能力が保持されるよう、定期的に最新の知識技能を身に付けることで、教員が自信と誇りを持って教壇に立ち、社会の尊敬と信頼を得ることをめざすものとされる（文部科学省）。
　有効期間満了日（修了確認期限）の2年2カ月から2カ月前までの2年間に、大学などが開設する30時間以上の免許状更新講習を受講・修了した後、免許管理者（都道府県教育委員会）に申請する必要がある。

免許状更新講習の内容

　免許状更新講習の内容については大きく次の2つに分けられ、それぞれを受講・修了することが必要である。

① 「教育の最新事情に関する事項」については12時間以上
　すべての教員に共通する事項を扱うものであり、「教職についての省察」「子どもの変化についての理解」「教育政策の動向についての理解」「学校の内外での連携協力についての理解」を主な内容とする。
② 「教科指導、生徒指導その他教育の充実に関する事項」については18時間以上
　学校種・教科種などに応じた内容を扱うものであり、各教科の指導法やその背景となる専門的内容、生徒指導等、幼児・児童生徒に対する指導力に係る各論的な内容を中心に扱う。

4. 校内で行われる研修

　これまで、法定研修や総合教育センターの研修講座、教員免許更新制など、公の制度としての研修について述べてきた。これらは、いってみれば学校を離れたところで設定される研修体系といえよう。しかしながら、本章で取り上げる、学び続け、成長する教師像に迫るには、学校現場における研修のあり方が重要である。そこで、この項では校内で行われる研修について述べる。

フォーマルな研修
　学校では、教育目標の実現のために、年間計画に基づいて校内研修を行う。特別支援教育、神奈川の支援教育、いじめ、不登校、発達障害の理解、体罰、事故不祥事防止など、幅広い教育の今日的な課題がテーマとして設定されている。
　総合教育センターや大学等で行われる研修と異なり、学校における校内研修は、まさにその学校の課題に直結するテーマについて教職員の共通理解を図り、学校全体の教職員の資質向上を図ることができる。研修の目的が明確になり、内容も具体的で焦点化された研修が期待できる。
　また校内研究の推進についても、教職員の資質向上の取り組みととらえることができる。たとえば、授業改善をテーマとした校内研究が行われたとしよう。子どもたちが1人も排除されることなく、誰もが参加できるわかりやすい授業や、子どもたちが主体的に学び合う授業をどのように達成するか、全教職員が授業改

善に取り組んでいく。そして、日常的な研究の成果を公開授業によって発信し、外部から助言者を招いて研究協議を行う。協議・検討の結果は次の授業改善に活かされる。こういった校内研究の取り組みによって、個々の教師の授業力向上だけでなく、学校全体の授業力向上が期待される。

インフォーマルな研修

校内研修は、放課後や長期休業中などに設定される研修会や研究会という機会だけではない。日々の教育活動の中で、具体的な場面で、その場で行われる研修がOJTである。

OJTとは、職場の上司や先輩が部下や後輩に対し、具体的な仕事を通じて仕事に必要な知識・技術・技能・態度などを意図的・計画的・継続的に指導し、修得させることによって、全体的な業務処理能力や力量を育成する活動である。公的な研修会や研究会と異なり、具体的な授業場面や校務分掌の運営・進行場面において、即時的・直接的に行われるもので、個々の教師の力量を高めていくことが期待される。

また、仕事を離れて行われるインフォーマルな研修の機会も存在する。勤務時間終了後に、同期や年齢の近い教職員のグループで行われる自主的な活動や、飲み会や食事会などがこれにあたる。このインフォーマルな研修の機会は、フォーマルな研修の堅苦しさや職場のストレスなどから解放され、同僚性の中で行われるがゆえに自由度が高く、さまざまなコミュニケーションを通して教員同士が学び合う場となりうる。仲間とともに成長する研修の機会ということができるだろう。また、同じ趣味などでつながる関係は、職場を離れても生涯にわたって互いに支え合える交友関係に発展することもある。

5. 学び続ける教師

「1 制度としての研修」で述べたように、教員には自己の崇高な使命を自覚し、常に研究と修養に励み、その職責の遂行に努めることが義務づけられている。それを担保するために、法定研修を始めとする公的な研修制度が体系づけられており、教員免許更新制が導入されてきた。また、同僚という関係性の中で学

び合い、ともに成長するインフォーマルな研修の機会についても述べた。フォーマルな研修やインフォーマルな研修の機会を活用して、教師は学び続けていくわけであるが、その機会を活かすことができるかは、本人次第である。この項では、筆者の経験に触れつつ、学び続ける教師像について述べる。

出会い

　筆者は、中学校・高等学校の教員免許状を取得し、県立高等学校の教員として勤務していた。その後、県立養護学校（当時）に異動し勤務するようになった。自ら希望しての異動だったのだが、きっかけは阪神淡路大震災の際に教員ボランティアとして数日間神戸で活動した時の体験であった。

　避難所となった小学校で、避難所運営や避難所を学校に戻していく手伝いをさせていただいたのだが、そこで避難所を中心となって切り盛りする、自らも被災者である複数の高校生に出会い、その堂々とした姿に感銘を受けた。彼らは、自分で考え、周囲の大人たちと協議し、ボランティアを組織化していた。主体的に社会と関わるとはこのようなことであると感じた。

　そして、子どもたちは教えられる客体ではなく、学ぶ主体であり、教師の役割は子どもたちに「教える」ことではなく、子どもたちが主体的に「学ぶ」機会を与えることである、という当たり前のことに気づかされたのである。この気づきが、養護学校への異動を希望するきっかけとなった。

　もし阪神淡路大震災の際、教員ボランティアを募集していることを知らなかったらどうだっただろう。ボランティアに応募しなかったら、ボランティアとして受け入れられなかったらどうだっただろう。そして、もし派遣先があの小学校の避難所でなかったら、高校生との出会いはなかったろう。自分自身の気づきも学びも変化もなかっただろう。

　積極的に感性を磨き、アンテナを高く張り、興味関心を持って外界に対峙し、探索し、自ら動くからこそ出会いがある。出会うのも自分次第、出会いをきっかけとするのも、自分次第なのである。

子どもたちから学ぶ

　これまで述べてきたように、めざすべきは「学び続け、成長する教師」である。フォーマルな研修の機会やインフォーマルな研修の機会を活用して、教師としての授業力・課題解決力・人格的資質を高めていくことが重要である。また、1人の人間として感性を磨き、自己研鑽に努める姿勢も重要である。

　なかでも、目の前の子どもたちから学ぶということを大切にしたい。子どもたちの姿から謙虚に学ぶ姿勢を持つことである。たとえば、子どもたちに理解不足の状況が見られたとする。そのとき子どもたちの側に原因があり、学ぶ意欲がないとため息をつくのではなく、授業をする側に原因があるのではないかと疑うことができるということである。

　子どもたちの主体的な学びを大切にし、子どもたちの自己実現を支えるために、教師は常に学び続ける姿勢を持ち続けたい。

　　　　　　　　　　　　　　　　　　　　　　　　　　（鈴木　正一）

文　献

神奈川県教育委員会「教職員人材確保・育成基本計画―高い指導力と意欲をもつ教職員の確保・育成をめざして―」2009年10月。

第15章 教師の歳時記
―教師の1日、教師の1年―

　教師の仕事は、1日の内で朝、昼、夕とそれぞれの場面で違ってくる。また、1年もそのおりおりの季節によって違うものになる。教師の仕事には、はじまりがあるようで、終わりがないとも言われてもいる。一方、子どもたちの成長とともに、次の学年に送り出す別れがあり、次の新しい出会いもある。節目があることも、教師の仕事の特徴であろう。日々、子どもと共に喜び、子どもと共に怒り、子どもと共に哀しむ。喜怒哀楽のある生活の中で、子どもと共に成長していく仕事である。教師の歳時記を、1日を8に、1年を13に分けてみていくことにした。

1. 教師の1日

　教育実習生が、よく「先生たちは子どもが帰った後も、たくさんの仕事があるのですね」との感想を述べる。その言葉から、教師の仕事は、子どもが在校している時間だけだと思われていることを知る。実際には、子どもが在校している時間を支えているのは、外部からは見えないその他の多くの時間に他ならない。本稿では、その見えない部分にも焦点を当てていくことにする。
　朝8時過ぎ、子どもたちの「おはようございます」の声と、登校してくる子どもたちのざわめきで、外から見える学校の朝が始まる。

1日の始まりの準備

　ある若い教師の1日を例に紹介していくことにする。「新任1年目の教員の心構え―若さを生かして―」と題して書かれたものである。

> 　新任1年目の私は、初任として小学校に着任した際、学校長より「この仕事は豊かな経験に勝るものはないが、若い教員が唯一、ベテランに勝ることがある。それは、あなたのもつ時間と若さです。それで勝負しなさい」との言葉をいただいた。

教育実習では、1か月間、授業を行ってきたが、初めて学級を任され、教壇に立つことに喜びと不安でいっぱいだった時であった。仕事を始めてみると、確かに、先輩の先生方の学級経営や授業は素晴らしく、なかなか真似できないでいたが、子育て中の30代の先生方は、保育園のお迎えなどで、仕事を家に持ち帰る人がほとんどであり、ベテランの先生方は、学校内外の仕事も抱えていて、忙しそうであった。やはり、校長先生の言われた私のもてる唯一の若さと時間で勝負していこうと思った。まず、朝は6時半に学校に行き、週案をもとに1日の予定を確認する。健康診断が入っている時には、児童分の健康の記録を棚から準備しておく。また、指導書を見ながら今日の授業の準備をする。子どもが興味をもってくれる物（教材）の準備、板書をどうしようか、発問は何と言ったらいいのか、を自分のノートに書き込んでいく。同じように早く来ている数年上の先輩に相談することもある。
　早めに登校してくる子どもたちが昇降口の前に並びはじめる8時頃には、いよいよ1日が始まるぞと思いながら、教室へ向かう。子どもたちの机を整頓し、朝日を浴びた教師用の机の前に座りながら、一番に教室に入ってくるのは、きっと今日もAさんだろうと姿を想像しながら、プリントの丸つけをして待つ。
　今朝も、そろそろ廊下から、速足で教室に向かう子どもたちの足音と明るい声が聞こえてきた。

　1日の始まりは、まず、1日の学習や生活の見通しをもつことから始まる。多くの教師は子どもたちの登校前に、その日の見通しを確認して、子どもたちの登校を教室で待つ。1日の学校生活は計画性がなくてはならない。1週間分の計画案として「週案」を前の週の内に作成して学校長に提出しておく。その週案に基づき、意図的、計画的に学習を行っていくことになる。
　次に行うことは、登校前の教室環境を整えることである。
　子どもが登校した時を想像しながら、子どもを迎える教室環境も整えておく。雑然とした教室で迎えられる子どもより、きちんとした教室で迎えられた子どもは、常に整理整頓を意識していく、さらに、自分の机や教室に居場所を感じ、愛着ももっていく。
　さらに、登校してくる子どもの様子をキャッチすることも重要になる。教師は、登校してきた子どもと目を合わせ「おはよう」と声をかわす。あいさつを交わしながら、一人ひとりの表情を見、その子どもの内面に触れていく。『今日も、張り切って学校に来たな』『昨夜、遅くまで起きていたのかな』『最近、表情が暗いけど、友達と何かあったかな』等、考えながら、「寝不足か？」「今日も元気そ

うだね」等の声かけをしつつ、気になった子どもとのその日のかかわり方を考えていく時間でもある。

朝の出会い

朝の会は、1日の子どもとの大切な出会いのスタートである。元気な声での「あはようございます」で始め、1日、がんばるぞという気持ちを込めた、明るい元気なあいさつをし合う。

次に、健康観察を行う。健康観察では、出席簿をもとに、一人ひとりをフルネームで呼ぶ。普段と違う様子の子どもや、体調が悪いことを訴えてきた子どもについては、時間をみて個別に対応をしていく。後で、「熱はない？」「朝ごはんは食べられた？」と聞くことで、子どもは話しやすい気持ちになる。様子によっては、保健室に連れていく。

子どもの自主的な活動として、係からの連絡を行っていく。教師は、みんなへの協力依頼など、内容の補足や支援を行っていく。

朝の会の最後には、教師からの話を行う。教師は、今日の予定の大事なポイントを簡潔に話す。朝に発見した子どもの良さなども伝え、頑張ろうとする気持を引き出していく。

朝の時間の先生の言葉や行動、雰囲気で、気持のよい、さわやかな時間を演出していく。さらに、子ども一人ひとりの様子を見ることで、それぞれの子どもへの個別の対応も考えていく場でもある。

教科による授業の違い

学校での時間は授業が中心となっている。授業では、あくまでも単純に「正しい」答えを求めない方がいい。一応は、自分なりの方法論や理論をもつにしても、個々の場合に応じてそれを変更したり、考え直したりしながら進んでいく『「発見的」過程としての授業』（河合、1992）を中心に進んでいきたい。

それを可能にしていくための授業の流れや机の配置も工夫していく。

授業には、国語や算数、社会や道徳等教室で行う授業と、理科や音楽、家庭科等特別教室で行う授業、体育等校庭や体育館で行う授業がある。さらに、音楽や家庭科、図工等の専科が行う授業もある。国語や算数、社会科等教室内で行う授

業は、子どもたちにとって、安心感がある日常的な空間であり、毎日の学校生活を送っている場である。学級の約束事の徹底がなされ、教室掲示も学習との繋がりを生かしやすい。

理科室や音楽室等特別教室での授業は、子どもたちの移動を伴い、教室環境も変わる。集団での移動の仕方、それぞれの特別教室の使い方等をしっかり教えておく。安全面を伴う理科室での実験では、事前の準備と予備実験が欠かせない。学年内で協力体制を組み、一緒に行うことが求められる。体育等校庭や体育館での授業は、授業が始まる前の休み時間等を使って着替えをしておく。安全に体を動かすためにも、大事なことである。跳び箱等、準備に時間のかかる用具は、時間をずらして同じ学年内で準備と片付けを行うと効率的である。

また、専科教員の授業もある。音楽や家庭科、理科、図画工作等専科教員の授業では、専科教員との連携を大事にしておく。持ち物の確認、時間割変更の連絡も密に取り、子どもたちの混乱を招かないようにする。

どの授業においても、指示や教え込みではなく、子どもが学ぶ授業へと授業を工夫していく。

休み時間は宝の山

休み時間は、子どもたちが自由で自然な姿をみせる。十分な自由時間を確保しながら、次の授業時間開始がスムーズになるよう、集団としてのルールをきちんと守らせていく。

子どもたちの遊ぶ姿を観察したり、教師が一緒に遊んだりする中で、友達関係の情報収集を行うことができる。孤立しがちな子どもを誘い、子ども同士のつながりを作ることや、教師と子どもの距離を近くする時間にもなる。

食を楽しむ給食の時間

給食当番は当番で交代し、早めの手洗いや割烹着への着替え、配膳がスムーズに行えるよう、子どもたちが見やすい場所に当番表や当番の流れがわかる掲示をしておく。

給食は、食育の指導の場でもある。給食は、栄養源としての昼食をとるための場だけでなく、食事のマナー、食の楽しみ、栄養としての食を学ぶ場でもある。

時に、栄養士に来てもらい、食育の授業としてもよい。作ってくれた人たちへの感謝の心も教えていく。

清掃指導も人間形成の一環

　低学年は自分たちの教室のみの清掃が多いが、中学年以上になると共有の廊下や階段、特別教室等の清掃も行う。大勢での清掃は、分担と仕事内容をしっかり決め、子どもたちがわかるようにしておく。教室に当番表や仕事内容の流れを掲示しておくとよい。

　机や椅子の運び方、床や棚の掃除の仕方、ほうきやモップの使い方、ぞうきんの絞り方、バケツの水の取り扱い、清掃用具の片付け方等、仕事内容を具体的に丁寧に教えることで、自主的に清掃ができるようになっていく。

　清掃指導では、協働の心も育んでいくことが大切である。人間形成の場として、きれいに清掃することの気持ちよさや、一緒に協力して働くことのよさも伝えながら、子ども自身が実感できるようにする。

振り返りと明日に繋げる帰りの会

　帰りの会では、一人ひとりが今日を振り返り、日記を書いたり、1日の感想交流を行ったりする。教師の励ましの一言が、子どもを伸ばしていく。

　係からの連絡を入れ、子どもの自主的な活動として行う。

　最後に、教師の話として明日の連絡を中心に、持ち物などの確認と連絡帳に書く内容を示す。短く、ポイントを押さえて伝える。子どもたちの今日の良かった点等も誉め、明日への意欲に繋げていく。

　帰りの会の終わりには、明るい声で「さようなら」を言いたい。今日一日が終わったけじめと、明日、また、頑張ろうという気持が湧いてくるような明るい「さようなら」のあいさつを行う。教室を出る前に机の整理整頓をさせ、明日への繋ぎを気持よくしていく。

明日に活きる放課後の時間

　放課後の時間では、次の3つのことが大切になる。

　1つ目は、その日の内に確かめることを確実に行うこと。欠席の子どもや体調

不良で早退した子どもへの様子は、その日の内に連絡をして確かめる。保護者との信頼関係を築く上でも大切なことである。

2つ目は、学年内での打ち合わせを行う。先の見通しをもちながら、行事や学習のことで足並みを揃える必要のあることを見つけるためにも、学年内での打ち合わせを行う。

3つ目は、今日1日の教師としての振り返りと明日への準備をする。今日の1日の振り返りを、一人ひとりの子どもを思い浮かべて行う。気になる子どもについては、メモを残しておく。

明日の授業を確認し、授業の柱を立てながら教材研究を行う。

2. 教師の1年

季節に春・夏・秋・冬と四季があるように、教師の1年には自然の四季の移り変わりと共に、大きな行事がある。一つひとつの行事を通しながら、子どもを育てるという大きな目標をもって歩んでいく仕事である。教師の1年としての学校カレンダーは、自然界が一斉に芽吹き始める春にスタートする。

春休み

実際は、3月末の春休みから次の年度の準備が始まる。クラス編成、教室環境準備、名簿作成、靴箱の名前、教科書の準備等、始業式が始まり子どもたちと共にスムーズなスタートを切るための準備を行う。特に、初めて学校に入学する1年生のための準備は、綿密な計画が必要となる。

出会いの4月

出会いの4月、教師の最初の仕事は新学級名簿の配布になる。始業式の朝、教師は前年度の子どもたちとの別れの気持ちを内に秘めながら、子どもたちに新しい学級名簿を配布する。

新しい学級を知った子どもたちは、進級した新学級名簿に従い、始業式を迎える。新年度着任した教員の紹介と共に、始業式では、学校長より新年度の学級担任が紹介される。この瞬間から、新年度の子どもたちとの出会いが始まる。

始業式の翌日は、いよいよ学級開きである。子どもたちに新しい教室や靴箱を知らせ、教室の座席を決める。教師と子どもたちとの初めての出会いである学級開きでは、これからの1年間に明るい期待感がもてるような明るくさわやかな出会いを工夫していく。担任の名前を早く覚えてもらうような担任紹介や学級の子どもたちの名前を正確に間違えないように呼名する。

　子どもたちの自主的活動や当番活動を含めた係活動は、自主性を大切にしながら決めていく。給食当番や掃除当番等の仕事内容は、教師が具体的に示していく。

　4月の大きな行事の1つに健康診断がある。身長、体重、座高、視力、聴覚の検査や、学校医が来校して行う歯科、耳鼻科、内科等がある。検査記録を20年間保存の記録に転記し、子どもたちの健康状態の把握と治療の必要な子どもへは保護者への連絡を行う。

　子どもたちの顔と名前が一致した頃、家庭訪問がある。家庭訪問は、学級の子どもたちの家庭環境、登下校の安全確認を行うために行う。家庭での様子を聞き、子ども理解に役立てていくものであるが、同時に、保護者との1対1の信頼関係を作る第一歩であり、清潔感のある雰囲気と明るい表情での会話が大事になる。

行事で育つ5月

　学級が落ち着き始めた5月は、遠足や校外学習が行われる。遠足や校外学習では、綿密な下見と計画が、子どもたちの安全面の確保と充実した活動の確保に繋がる。交通機関を利用する場合には、事前に団体乗車を申し出ておく。

　1年間の中でも、運動会は大きな行事の1つである。運動会は、体育の学習を生かし、勝敗を競う中で子どもたちが大きく成長できる場である。当日だけでなく、当日までの過程を大切にし、それぞれの子どもが力いっぱい能力を発揮できるようにする。大玉送りなどの全校競技や組体操、綱引き、騎馬戦等の学年競技、徒競走や障害物競走等の個人競技、ダンスなどの表現もある。競うことだけでなく、互いに健闘をたたえ合う態度を育成していく。

保護者と繋ぐ６月

　運動会を終え、本格的に授業を行うことができる６月には、授業参観や学級懇談会がある。授業参観や懇談会は、保護者に日頃の学校の授業や指導を理解してもらういい機会である。日常の子どもの学校生活が見えるような掲示物を用意しておき、子どもの生き生きした姿が見える授業を参観してもらう。学級懇談会では、座席の工夫等、話しやすい雰囲気作りに努め、４月からの学級の様子やエピソード、今後の予定等を具体的に話していく。

　６月の後半になると、水泳指導が始まる。水泳指導の第１は安全面である。事前のプール点検、水温・気温計測、子どもの体温計測を含めた健康観察をしっかり行う。指導中は必ず、プールサイドからの監視を行い、水の事故を防ぐ万全の対策を取る。

夏休み前のまとめの７月

　７月は、１学期（夏休み前）のまとめの時期になる。１年間の３分の１が終わるため、学習のまとめをする。テストやワークの点検と返却、作品の返却も忘れずに行う。学期の終わりとして、通信票を作成する。日頃から計画的に集めたテストやワーク、ノート、行動等のメモ等、評価資料をもとに評価を行っていく。

　長い夏休みに入る前に、夏休み前指導を行う。帰宅時刻、花火等の火遊びの禁止や子ども同士で危険な場所に行かない等、生活面の指導を行う。めあてをもった夏休みを過ごせるよう、相談に乗りながら個々にめあてを作らせる。個人面談を行い、保護者と一緒に考える方法もある。

教師として学ぶ８月

　夏休みは、子どもたちを学校から家庭に返す期間であるが、夏祭りや盆踊り等地域の行事に積極的に顔を出し、地域での子どもの姿を知っておく。また、暑中見舞い等で子どもとの繋がりをもっておくことも必要である。

　子どものいない夏休みは、教師として学ぶ時間である。普段できないさまざまな研修を受講したり、体験をしたりしながらの充電期間とする。教育センターや研究会、外部の教育研究団体の研修等、自主的に受講していきたい。

第15章　教師の歳時記─教師の1日、教師の1年─　　171

再スタートの9月

　夏休みが終わると、子どもたちの夏休み中の作品や課題の展示や点検を行う。子どもたちが、長い夏休みに頑張って作った作品であり、教師は一言ずつ言葉を添えていく。

　夏休み明けは、学級づくりの再スタートの時期でもある。夏休み明けの新たな係や教室内での座席を決める。新たな意欲が湧くような声かけをしていく。

　9月には、大規模な避難訓練を計画しているところもある。全校で行う、地震や火事を想定しての避難訓練では、集団で素早く避難するための事前指導を徹底しておく。普段から、放送や教師の話を静かに聞く指導が重要である。「おさない、かけない、しゃべらない、もどらない」の約束事や、「落ちてこない、動いてこない、倒れてこない」場所を自分で判断し、避難できる力をつける言葉を繰り返し教えておく。

新たな目標づくりの10月

　10月は、季節柄、校外学習を行う学年が多い。1・2年生の秋の季節を感じながらの公園での秋探しの学習や、3・4年の地域学習、5・6年の工場見学や修学旅行等がある。どれも、事前の下見や校外学習のめあてや約束事を入れたしおり作り等をする。

　見学先との事前の打ち合わせが必要なこともある。

　季節的にさわやかな10月は、読書活動や体力づくりに適した時期でもある。「好きな本紹介」など本に興味をもつような取組や「長縄連続跳び○○回挑戦」など新たな目標を作っていくことも、学級づくりを充実させていく方法の1つである。

地域から学ぶ11月

　秋には、地域の人と子どもたちのふれあいを中心にした行事が休日にあることも多い。学校が地域の中の学校であることを意識し、交流を深められるようにする。

　また、就学前健康診断もある。次年度に入学予定の子どもたちの就学前健康診断は、校医による内科、歯科、聴力、視力の補助や、教師による子どもとの面

談、受付、誘導等の仕事を分担して行う。スムーズに流れるように案内表示や打ち合わせ等の事前準備をきめ細かにしておく。

見つめ直しの12月

　12月は、学級の一人ひとりの子どもたちを見つめ直す時期でもある。見つめ直す際、他からの視点を聞く個人面談は重要になる。保護者が学校に来て行う個人面談は教室で行う。日々の子どもの様子が見えるような教室掲示と一人ひとりの学習や生活について具体的な話ができるような資料をもとに面談を行う。子どもについての保護者の悩みを受け止める姿勢をもつことが必要である。

　また、2学期（冬休み前）のまとめの時期でもあり、夏休み後から12月までの評価資料をもとに評価を行い、通信票づくりをする。

　1年の終わりの月でもあるので、大掃除を行う。普段の掃除に加え、細かい場所の掃除を行う。

心新たに1月

　新しい年を迎え、心新たに自分の思いや今年の抱負を書き初めとして書く。長い半紙を使い、体育館等で学年の子どもたちが一斉に行うと気持ちも引き締まる。書いた書き初めは、廊下等に掲示して互いに見合うようにする。

　1月は学校評価の時期でもある。学校として、保護者、子どもに、今年度の学校の取組や子どもの育ちについてアンケートを取り、職員の自己評価アンケートと共に、学校評価を行い、成果と課題を明確にしていく。

振り返りの時期2月

　2月には、6年生を送る会を行う。卒業の近い6年生に対して感謝の気持ちと祝福の気持ちを表すための6年生を送る会では、全校で歌やお礼の言葉で送る。事前に、子どもたちの参加意欲を高め練習をしておく。

　学年末懇談会では、1年間を振り返り、子どもたちの良さや伸びを中心に伝えていく。

まとめの3月

　1年間のまとめの月である。1年間のまとめとして、学年末評価を行う。教科ごとの観点別の評価資料を収集しておく。さらに、指導要録の作成を行う。20年間保存の指導要録は、通信票をもとに作成する。指導要録は開示対象のものである。

　卒業式は、6年間の学校生活を修了する卒業生を祝う儀式的行事である。在校生代表の5年生（全校）と共に、温かさの中でも厳粛な式とする。地域の人や保護者も参列する大きな行事であるため、全職員で事前準備、当日共に、受付、会場設営、清掃、放送等、分担された仕事をする。卒業を子どもや保護者と共に祝う気持ちをもつ。

　修了式は、終業式とは異なり、学年の締めくくりの式である。代表の子どもが修了書を受け取るため、事前に学級児童分の通信票を帯封で留めておく。1年間のけじめを意識させ、代表児童への礼儀作法を指導しておく。

　3月は、学級じまいの月でもある。子どもたちに机やロッカーの整理をさせ、1年間のけじめを教えていく。1年間の終わりとして、掲示物の撤去や、子どもの作品やノート、テスト等の返却忘れのないようにする。出席簿や次の学年へ引き継ぐ健康の記録、指導要録、成績一覧表等は、点検し、所定の場所に保管する。子どもの不必要な個人情報はシュレッダーで破棄する。

　以上のように、教師の歳時記には、季節と共にさまざまな行事や出来事がある。その合間に、生きた生活者として子どもの生活から生じてくるあふれる程の出来事がある。

（葉倉　朋子）

文　献

河合隼雄『子どもと学校』岩波新書、1992年。

第16章 教師の喜びと悩み
― 教職のやりがいと特性 ―

1. 地図には残らない仕事

　以前、「地図に残る仕事」というキャッチコピーで、建設会社が自らの仕事を紹介するテレビコマーシャルがあった。建設業を「地図に残る仕事」ととらえることで、それまでの建設業のイメージを変えようとしたのだろう。このコピーがある程度の長期にわたって使用されていたことから考えれば、おそらく企業側の当初の目論見どおりの効果をあげたのだろう。実際、われわれの周りにある住宅やビルディング、道路やトンネル、橋、堤防、ダムなどは地図に描かれている。建造物が存在しない地図は用を成さないといってもよいほどだ。
　それに「地図に残る仕事」は、自然を改変していく人類の意志と力を象徴するものとして堂々と現実世界に存在している。そして、われわれの生活はこれらの仕事の上に成り立っている。だから、建設や建築に関わる人たちが自らの職業をこのように輝かしいものとしてとらえなおすことは、むしろ当然のことなのだと思う。仕事に対する誇りや自信さえ感じられる。
　一方、教師という仕事は地図に残るような仕事ではない。それどころか目に見える成果が存在しない。しかし、地図に残るような仕事をする可能性のある人物を生み出すことに関わる仕事であるということはできそうだ。また、社会をよりよく変えていく人物を、そしてそれらを支える人びとを作っていく仕事であるといってもよいだろう。つまり、生活を生み出し、生活からの必要を生み出し、それを実現するためのものごとを生み出す人を作っていくことに関わっているのである。そういう意味では社会の未来を、人の未来を作っていくことに関わる仕事であるといってもよいだろう。

教職の魅力

　そもそも自らにどのような使命が与えられているのかを意識しない職業人はいない。教師も自らの仕事が、社会の未来を、人の未来を作ることに関わるもの

であるということは意識の根底に持っている。しかし、具体的な成果を指さして、「これは自分の仕事である」といえるようなものは存在しない。たとえ、社会にとって有益な業績を上げるような優れた人物の成長期に関わりを持って影響を与えたとしても、彼の業績のすべてが1人の教師の教育の力で生み出されたものであることなどはない。当然、その人物の努力によるものであり、教師の業績はわずかなものと考えるべきである。では、教師という仕事の意義はどのようなものなのか、教職の魅力はどういうところにあるのか。

こうした問に、適切に答えるのはやさしいことではない。実際、現場の教師に問えばさまざまな答えが返ってくるだろう。そこで、Benesse教育研究開発センターが、2010年8月から9月に、全国の公立学校の校長、教員を対象に実施した「第5回学習指導基本調査」を参考として引いてみる。報告書の中に「教職の魅力」という節が設けられている。この調査は、質問に対して「そう思う」から「全くそう思わない」の4段階を選択して回答する形式をとっている。「教職の魅力」について掲げられたのは次の8項目である（番号は筆者）。

① 自分の専門知識やこれまでの経験を生かせる
② 社会を支える人を育てることができる
③ 生徒と喜怒哀楽をともにすることができる
④ 将来にわたって生徒の成長に関われる
⑤ 経済的に安定している
⑥ 労働条件が良い
⑦ 長期休暇を取りやすい
⑧ 社会的地位が高い

これらで教職の魅力が網羅されているわけではないだろうが、ここに示された項目が大きく外れているとは思えない。⑤～⑧は他の業種でも職業選定の理由に上がる項目だが、特に②～④は教職の理念に関わるものであることに注意したい。地図には残らないながら、社会および人の未来を作る仕事に対する使命感に基づく内容を述べている。どんな仕事でも同じだろうが、難しい使命を自らの力で達成できたように感じるときに、そしてそれを他者に認めてもらえたときに、喜びを見いだすことができるものだ。教職とて例外ではない。重要な使命だからやりがいを感じ、努力を重ねていく。そしてその達成を感じ得た先に、無上の喜

びがある。それはすなわち教師にとっての教職の魅力なのだ。

教師の悩み

一方、この調査では「教員の悩み」についても触れられている。そこで挙げられているのは次の 10 項目である（番号は筆者）。

① 教育行政が学校現場の状況を把握していない
② 作成しなければならない事務書類が多い
③ 教材準備の時間が十分にとれない
④ 休日出勤や残業が多い
⑤ 校務分掌の仕事が負担である
⑥ 図書費や教材費が不足している
⑦ 部活動の指導が負担である
⑧ 年間の授業時数が足りない
⑨ 保護者や地域住民への対応が負担である
⑩ 管理職からの評価が気になる

時間が足りないことや負担が多いことへの不満が「悩み」として挙げられている。これはもちろん、子どもと向き合う時間が十分にとれない、または授業や特別活動などに専心したいという思いが阻害されていることを意味する。いわゆる「教員の多忙化」である。

ここで注意するのは、教職そのものについての悩みは示されていないことである。教職に「意味を見いだせない」「やりがいが感じられない」などの内容は挙げられていない。これは、教職の理念——教師の果たすべき役割が、自明のこととしてとらえられているということだ。すべきことは明確であるが、十分に検討する時間をもって丁寧に進めることができないことが教師の悩みなのだ。

2. 微妙な距離感をもって存在する異物

子どもから見た教師という存在

教師は誰でも、子どもから「よい先生」といわれる存在になりたいという願望がある。

教師が目指す「よい先生」のイメージは、この調査の一連のことばを借りれば、②「社会を支える人を育てること」、③「生徒と喜怒哀楽をともにすること」④「将来にわたって生徒の成長に関わること」ができる存在である。しかし、これを実現するのは難しい。常に己を高めるために切磋琢磨していかなければならないのだ。そして、目の前の子どもをよく見て、最も適切と思われる方法で働きかけなければならない。この2つの条件を満たさなければ「よい先生」にはなれない。

　そもそも、子どもにとって教師とはどのような存在なのか。

　ほとんどの教師は子どもから自分がどのような位置づけをされているかをよく知っている。自分自身が教師である前に、児童や生徒として教師とつきあってきたからだ。教師という異物が自分の生活空間に君臨していること、また、それが複雑な決まりの上に成り立っていることを経験として知っているのだ。子どもにとって教師とは、子どもと近い場所にいながら、常に微妙な距離感をもって存在する不思議な存在なのだ。こうした教師の存在感を、小説家の山田詠美は「眠れる分度器」の中で子どもの視点から巧みにとらえて見せる（山田、1993、pp.191-192）。

> 　彼らにとって教師は、自分たちの上に君臨する脅威に等しかった。彼らは教師を漠然と恐れていた。その恐れを少なく感じさせる教師程、彼らの好意をものにすることが出来たが、その分、威厳は失われた。恐れるということは、従うということだった。彼らは、従うことが、どれ程、学校での生活を快適にするかという知恵を身につけていた。両親の口振り、特に母親のそれは、教師の領域を犯してはいけないのを、子供たちに常に悟らせているのだった。そこに、「尊敬に値いするもの」というラベルの扱い方を、上手い具合に、組み込んでいた。それ故、子供たちは、そのラベルを剥がすのが、自分に困難をもたらすことに等しいと、本能的に悟っていた。
> 　親しみ深い教師は、何人も存在していた。彼らを見つけ出すたびに、そっと、子供たちは、ラベルを剥がしてみる。そのことが、教師を喜ばせ、休息を伴った自らの地位の向上に役立つのを知っていたからだ。しかし、糊は、いつも乾かさないように注意している。生暖かい唾を広げて、不都合を察知すると、すぐに、休息を封印する。

　教職に就こうとする者は、仕事に対する熱い思いを持っている。

人間同士の心と心を振るわ合うような結びつきの中で、子どもたちを育てたいと思っている。子どもたちとの直接的な関わり合いの中で、それぞれの力を伸ばしていきたいと思っている。そのための努力は惜しまないという覚悟とともに。教師という仕事に対する使命感と、自分に向けた期待や戒めなどを心に秘めているのだ。

しかし、山田詠美はそれが簡単ではないことを、子どもたちの視点から示してみせる。子どもにとって教師は、「自分たちの上に君臨する脅威」であり「漠然と恐れ」る対象なのだ。学校というシステムの中で教師がどのような存在であるかを知っている子どもたちは、通常では教師に心を開くことはない。教師と子どもの間には越えることのできない溝があり、実在感のある隔たりが存在しているということだ。

尊敬されない教師

むろん、現場の教師たちは、そうした距離感を十分に理解しながら、教師は子どもたちの中へ入っていこうとする。しかし、その試みがうまくいくとは限らない。子どもが教師の力を見透かして、関係を作ることを忌避するからだ。表面上は素直を装っていても心の底では教師を尊敬に値しない、信頼の置けない対象と見なし始める。そうした心情を描いた文学作品は数多く存在するだろうが、その1つの例として太宰治の『正義と微笑』の一説を取り上げる（太宰、1998、pp.67-68）。

> 「偉い人物になれ！」と小学校の頃からよく先生たちに言われて来たけど、あんないい加減な言葉はないや。何がなんだか、わからない。馬鹿にしている。全然、責任のない言葉だ。僕はもう子供でないんだ。世の中の暮しのつらさも少しずつ、わかりかけて来ているのだ。たとえば、中学校の教師だって、その裏の生活は、意外にも、みじめなものらしい。漱石の「坊ちゃん」にだって、ちゃんと書かれているじゃないか。高利貸の世話になっている人もあるだろうし、奥さんに呶鳴られている人もあるだろう。人生の気の毒な敗残者みたいな感じの先生さえ居るようだ。学識だって、あんまり、すぐれているようにも見えない。そんなつまらない人が、いつもいつも同じ、あたりさわりの無い立派そうな教訓を、なんの確信もなくべらべら言っているのだから、つくづく僕らも学校がいやになってしまうのだ。せめて、もっと具体的な身近かな方針でも教えてくれたら、僕たちは、どんなに助かる

かわからない。先生御自身の失敗談など、少しも飾らずに聞かせて下さっても、僕たちの胸には、ぐんと来るのに、いつもいつも同じ、権利と義務の定義やら、大我と小我の区別やら、わかり切った事をくどくどと繰り返してばかりいる。きょうの修身の講義など、殊に退屈だった。英雄と小人という題なんだけど、金子先生は、ただやたらに、ナポレオンやソクラテスをほめて、市井の小人のみじめさを罵倒するのだ。それでは、何にもなるまい。人間がみんな、ナポレオンやミケランジェロになれるわけじゃあるまいし、小人の日常生活の苦闘にも尊いものがある筈だし、金子先生のお話は、いつもこんなに概念的で、なっていない。こんな人をこそ、俗物というのだ。頭が古いのだろう。もう五十を過ぎて居らるんだから、仕方が無い。ああ、先生も生徒に同情されるようになっちゃ、おしまいだ。

　本当に、この人たちは、きょうまで僕になんにも教えてはくれなかった（新字、新仮名の表記は筆者による。以下同様）。

　ここでは痛烈な教師批判が展開されている。『正義と微笑』は日記の体裁をとった小説だが、日記の書き手である16歳の少年は、金子先生をはじめとする先生たちへの不満を吐露する。「学識」も高そうに見えない「つまらない人が、いつもいつも同じ、あたりさわりの無い立派そうな教訓を、なんの確信もなくべらべら言っている」と厳しい。「責任のない言葉」で「わかり切った事をくどくどと繰り返してばかりい」て、「概念的で、なっていない」と続ける。最後には「本当に、この人たちは、きょうまで僕になんにも教えてはくれなかった」と言い切っている。しかし、それでもこの少年は表面上は教師に「従う」ことだろう。

　生徒の間の距離は、考えようによっては教師にとって好都合なものでもある。教師であることによって最初から住み心地のよい地位が与えられているからだ。たとえそれが、表面的で意味のない尊敬であるにせよ、たいてい生徒は節度をもって接する。しかし、それは学校というシステムを利用した言語道断の為体（ていたらく）である。愚かな権力者が人びとを苦しめ、最後は正義の一撃を食らって倒れていくという安易な勧善懲悪ドラマにおける愚かな権力者の役割を、無意識のうちに教師が演じてしまっている。

　子どもとは、自らの中にある既存の認識を変えながら（崩しながら）価値観、世界観を構築していく存在である。彼らの行いは、朝日に向かって薄暗い道を独りで進む心細い旅のようなものである。岐路に当たるたびに立ち止まり、どの道

を選ぶかを考えながら手探りで進んでいく。その途中途中でいろいろな人がささやきかけてくるだろう。「こうした方がよい」「ああすればよい」と。しかし、信用できないと思う者のことばなど受け入れはしないのだ。

　子どもを支え、導くのが教師の仕事である。その使命を達するためには、まず子どもから信頼されなければならない。そのためには、生徒との間にある距離を利用して安住していてはならない。むしろ、積極的にその座を降りて、狭めていくものである。そうしなければ、子どもの心を動かすこと、つまり「教える」ことは実現できないのだ。

尊敬される教師

　『正義と微笑』では、先の引用箇所の後に次の文章が続く（太宰、1998、pp.68-69）。

　　「もう、これでおわかれなんだ。はかないものさ。実際、教師と生徒の仲なんて、いい加減なものだ。教師が退職してしまえば、それっきり他人になるんだ。君達が悪いんじゃない、教師が悪いんだ。じっせえ、教師なんて馬鹿野郎ばっかりさ。男だか女だか、わからねえ野郎ばっかりだ。こんな事を君たちに向って言っちゃ悪いけど、俺おれはもう我慢が出来なくなったんだ。教員室の空気が、さ。無学だ！エゴだ。生徒を愛していないんだ。俺は、もう、二年間も教員室で頑張って来たんだ。もういけねえ。クビになる前に、俺のほうから、よした。きょう、この時間だけで、おしまいなんだ。もう君たちとは逢えねえかも知れないけど、お互いに、これから、うんと勉強しよう。勉強というものは、いいものだ。代数や幾何の勉強が、学校を卒業してしまえば、もう何の役にも立たないものだと思っている人もあるようだが、大間違いだ。植物でも、動物でも物理でも化学でも、時間のゆるす限り勉強して置かなければならん。日常の生活に直接役に立たないような勉強こそ、将来、君たちの人格を完成させるのだ。何も自分の知識を誇る必要はない。勉強して、それから、けろりと忘れてもいいんだ。覚えるということが大事なのではなくて、大事なのは、カルチベートされるということなんだ。カルチュアというのは、公式や単語をたくさん暗記している事でなくて、心を広く持つという事なんだ。つまり、愛するという事を知る事だ。学生時代に不勉強だった人は、社会に出てからも、かならずむごいエゴイストだ。学問なんて、覚えると同時に忘れてしまってもいいものなんだ。けれども、全部忘れてしまっても、その勉強の訓練の底に一つかみの砂金が残っているものだ。これだ。これが貴いのだ。勉強しなければいかん。

そうしてその学問を、生活に無理に直接に役立てようとあせってはいかん。ゆったりと、真にカルチベートされた人間になれ！　これだけだ、俺の言いたいのは。君たちとは、もうこの教室で一緒に勉強は出来ないね。けれども、君たちの名前は一生わすれないで覚えているぞ。君たちも、たまには俺の事を思い出してくれよ。あっけないお別れだけど、男と男だ。あっさり行こう。最後に、君たちの御健康を祈ります。」すこし青い顔をして、ちっとも笑わず、先生のほうから僕たちにお辞儀をした。
　僕は先生に飛びついて泣きたかった。
「礼！」級長の矢村が、半分泣き声で号令をかけた。六十人、静粛に起立して心からの礼をした。

　教室を去って行く教師が生徒にむけて別れの挨拶をする場面である。先生の話の後、「僕は先生に飛びついて泣き」たいような気持ちになり「心からの礼」をしている。
　しかし、この教師は勉強をしなければならないことを生徒たちに訴えているにすぎない。ただ、ここで述べられている理由が、聞いている生徒たちの心をつかんでいるのだ。
　「人格を完成させ」、「心を広く持」ち、「愛するという事を知る」人になるために勉強が必要だというのだ。さらに、「真にカルチベートされた人間」になるためには「勉強の訓練の底に」残っている「一つかみの砂金」が貴いのだという。将来の社会での地位を上げるためなどという功利的な問題ではなく、人生を豊にするために勉強が必要だといっている。わかりやすく丁寧に、そして熱い思いを込めて自分の考えを生徒たちに伝えようとしている。恐らく、このときの話は生徒たちの心に響いたことだろう。最後の場面での「僕」の感情の高ぶりがそれをよく物語っている。
　また、「お互いに、これから、うんと勉強しよう」ということばにも注目すべきである。生徒たちだけに勉強を義務づけるのではなく、自分をも戒めることばなのである。生徒を自分と同じ地平に立つ者と見なし、尊重する姿勢が見て取れる。こうしたところに生徒たちはこの教師の誠実さを感じ取っているのだろう。これは、周囲の教員を「無学だ！エゴだ。生徒を愛していない」と見なし、「二年間も教員室で頑張って来た」というところにも通じる。裏を返せば、自身はよく学び、心を広く持って生徒を愛することに心を砕いてきたのだろう。普段のこ

の教師の誠実な姿勢が想像される。こういう姿勢を持っていたからこそ、それを受け止める生徒たちの心に迫ってくるものがあったのだ。

　生徒との間に存在する距離。それは子どもたちの心の中で作られる。しかし、教師は高い教養と誠実な行動でその距離を少しずつ詰めていき、教え導かなければならない。それができるのが、子どもたちの求める先生——よい先生なのである。

3. 悩む実践家

迷いの中で最善を目指す

　社会の状況や人の価値観は時の流れとともに変化している。だから、授業や指導の場面でも、その時どきに応じた適切な対応が求められる。しかし、教育実践の場にはどんな場面でも成り立つ「万能の定石」など存在しない。常に手探りで、策を見つけながら進まなければならない。自らの経験と研究をすべての拠り所として、その場で最善と思われる働きかけをしていかなければならないのだ。目の前に生起する事象が発する意味を読み取り、知恵を絞って自分の行動を決定していくほかないのである。

　だから自分が導き出した考えについては、「果たしてこれでよいのか？」という迷いが絶えずつきまとう。だが、こうした迷いを抱くことは大切である。変な自信や思い込みがない分、冷静に結果を受け止められるからだ。素直に自分を振り返り、不足や錯誤があればそれを認めて修正し、改善につなげることができる。

　そういう意味では、おかしな言い方だが、自信を持って迷うこと、が必要である。そもそも、よい結果を出したいと思わぬ者には不安や迷いなどない。流れに身を任せて時を過ごしていくばかりだ。しかし、常に最善の途を考える者にとっては、あらゆるものがその者を高める方向にはたらく。たとえ一時的に不本意な結果が現れようと、それは次の場面に挑んでいくときの糧になるのである。だから、瞬間でとらえれば、教師の営みのすべては失敗であり、成功でもある。意志ある営みの積み重ねが実践力を高めてくれるのだ。

「戦っていれば、負けないのです。」

　子どもや自分、そして目の前に生起する事象と粘り強く向き合いながら、常に誠実に対処していくことの繰り返しの先に、教師としての喜びがある。喜びを感じることができるまで、悩み苦しむ。その繰り返しが教職に就いた者の宿命なのだ。

　喜びを感じるためには力をつけなければならない。力をつけ、さらなる高みを目指すということは、現在の自分を否定することだ。しかし、その先には肯定されるべき未来が想定されている。研究を深め、適切な判断や行動が取れる成長した自分の姿が意識されているから、現在の自分に安住せずに学ぶのだ。これは、高くジャンプするために深く屈みこむことが必要であるのと同じだ。

　自分にはできると信じて現在の自分に足りないところを見つめながら力を付け、常に最善を目指し試行錯誤を続ける。こうしたことの繰り返しにより、教育の専門家としての教師が創られる。その営みの中に喜びがあるのだ。

　これはいわば戦いである。それも、明確な相手が存在せず終わりも見えない戦いである。

> 　戦いぬく、言うは易く、疲れるね。然し、度胸は、きめている。是が非でも、生きる時間を、生きぬくよ。そして、戦うよ。決して、負けぬ。負けぬとは、戦う、ということです。それ以外に、勝負など、ありやせぬ。戦っていれば、負けないのです。
> 　決して、勝てないのです。人間は、決して、勝ちません。たゞ、負けないのだ。勝とうなんて、思っちゃ、いけない。勝てる筈が、ないじゃないか。誰に、何者に勝つつもりなんだ（坂口、1991、p.559）。

　決して勝てない戦いに敢然と挑み、諦めずに戦い続ける。教師という職業に限らず、人生はこのような不条理に満ちた戦いであるように思えてならない。確かに、どのような戦いも諦めたときに負けが確定する。マラソンランナーが自らの決断で走るのを止めた瞬間にレースが終了するように。でも、次に向かう気力があるうちは、失敗は単なる失敗ではなく、成功の種となる。

　だから、諦めずに、己を高めようとする明確な意識を持ちながら自分との戦いを続けなければならない。この戦いこそ、真の教師になるための戦いである。そして、地図には残らないながら大きな意義のある仕事に就いた者の宿命

なのである。

（西ヶ谷　克彦）

文　献

① 佐藤学『教師花伝書―専門家として成長するために』小学館、2009 年。
② 金龍哲編著『教育と人間と社会』協同出版、2012 年。
③ 内田樹『街場の教育論』ミシマ社、2008 年。
④ 内田樹『先生はえらい』ちくまプリマ―新書、2005 年
⑤ 諏訪哲二『ただの教師に何ができるか』洋泉社、1998 年
⑥ 近藤邦夫・岡村達也・保坂亨編著『子どもの成長　教師の成長』東京大学出版会、2000 年。
⑦ 金川欣二『ライ麦畑のキャッチボール　しなやかな教育をめざして』子どもの未来社、2007 年
⑧ 大村はま／苅谷剛彦・夏子『教えることの復権』筑摩新書、2003 年。
⑨ 大村はま『灯し続けることば』小学館、2004 年。
⑩ 太宰治「正義と微笑」『太宰治全集 6』筑摩書房、1998 年。
⑪ 山田詠美『ぼくは勉強ができない』新潮社、1993 年。
⑫ 坂口安吾「不良少年とキリスト」『坂口安吾全集 5』筑摩書房、1991 年。
⑬ Benesse 教育研究開発センター「研究所報 vol.63　第 5 回　学習指導基本調査報告書（高校版）」（株）ベネッセコーポレーション、2011 年。

第17章 数字で見る教師の素顔
　　　　　　―データが物語る教師の現状―

1. 学校という「巨大産業」

学校数と学校規模

　初等・中等教育を施す学校数を見てみると、幼稚園は 13,170 園（国立 49 園、公立 4,924 園、私立 8,197 園）で、前年度より 129 園減少している。小学校は 21,460 校（国立 74 校、公立 21,166 校、私立 220 校）だが、公立は 265 校の減少、私立は 4 校の増加となっている。中学校は 10,699 校（国立 73 校、公立 9,860 校、私立 766 校）で、小学校と同様に公立は 55 校の減少、私立は 3 校の増加をしている。近年増加傾向にある中高一貫校は全国で 309 校であり、前年度より 20 校の増加をしている。幼稚園、小学校、中学校共に国立の増減はなく、公立は減少傾向、私立はやや増加の傾向にあると言えよう（図 17-1）。

　児童生徒数の推移は、前年度と比べると幼稚園児童は 8,055 人増加、1 級あたりの園児数は 22.7 人で前年度より 0.1 ポイント増加している。小学校児童は 6,764,619 人で前年度より 122,673 人減少、1 学級あたりの児童は 24.6 人で前年度より 0.3 ポイント減少している。中学校生徒は 3,552,663 人で 21,158 人減少している。1 学級あたりの人数は 29.0 人で前年度より 0.2 ポイント減少している（図 17-2）。1 学級あたりの小学校児童・中学校生徒数の減少は、子どもの絶対数が

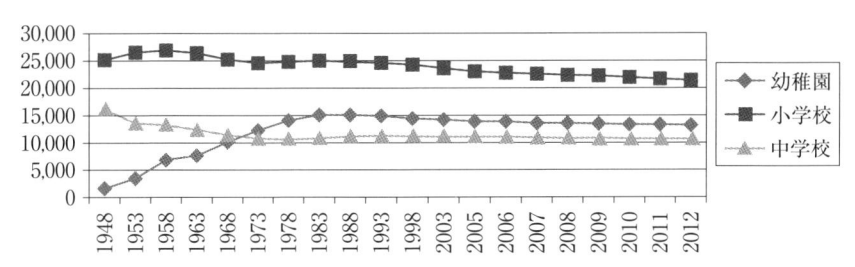

図 17-1　幼稚園・小学校・中学校の学校数（いずれも国立・公立・私立合計）
「平成 24 年度学校基本調査報告書」（文部科学省）より作成

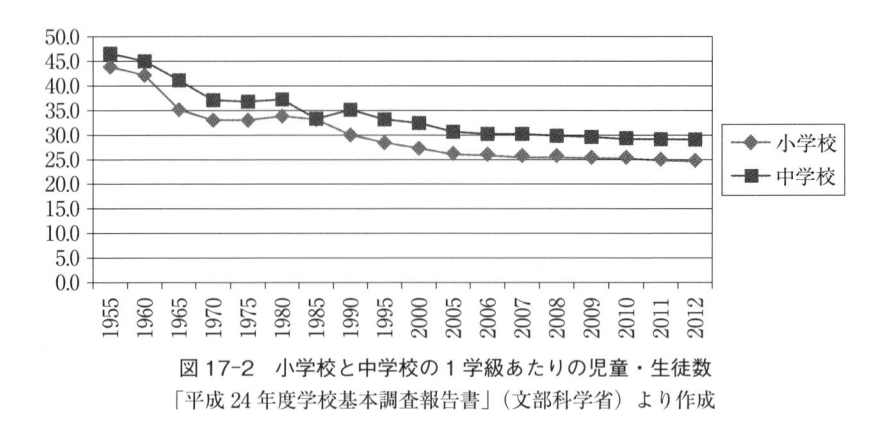

図17-2　小学校と中学校の1学級あたりの児童・生徒数
「平成24年度学校基本調査報告書」（文部科学省）より作成

減少していること、2011年度には小学校では第1学年の1学級あたりの編成上限が30年ぶりに40人から35人に引き下げられ、少人数学級への期待感が高まっていることも少なからず影響していると考えられる。

教師1人あたりの生徒数

子どもの数が少なくなってきたことを見てきたが、それに対して教員の数を見てみると、幼稚園は110,836人（前年度より434人増）、小学校は418,707人（前年度より760人減）、中学校は253,753人（前年度より649人増）であり、小学校教員に減少の傾向が見られる。また、教員（本務者）1人あたりの子どもの数は、幼稚園は14.5人、小学校16.2人、中学校14.0人であり、小学校・中学校においてはいずれも1948年度に比べて約半分になるなど、減少傾向にある（表17-1）。

表17-1　教員1人あたりの子どもの数

	1948	1988	1996	2000	2005	2008	2009	2010	2011	2012
小学校	38.2	22.2	19.0	18.1	17.3	17.0	16.8	16.7	16.4	16.2
中学校	28.3	20.4	16.7	15.9	14.6	14.4	14.4	14.2	14.1	14.0

「平成24年度学校基本調査報告書」（文部科学省）より作成

さきほど述べたように少人数学級の増加が見込まれ、子どもの数が少なくなってきたとは言え、今後教員の数は多くなることが期待される。『朝日新聞』（2011年1月10日）によると、教員が休んでも代わりの教員がいない、というケース

が公立学校に多くあると言う。団塊の世代の退職など、教員の需要が増加したことで正規の採用が拡大しつつあるが、それでも現場では慢性的な教員不足に悩まされている。

2. 教採の難関

教員の採用倍率5.8倍

2012年度公立学校の教員採用試験の受験者総数は、180,238人で、前年度に比較して1,858人（1.0％）増加している。2010年度からは増加傾向がつづいている。採用者数は30,930人で、前年度に比較して1,297人増加している。競争率（倍率）は、全体で5.8倍で、前年度に比較して0.2ポイント減少。2001年度以降は低下傾向にある。小学校で4.4倍（前年度4.5倍）、中学校で7.7倍（前年度7.8倍）、高等学校で7.3倍（前年度7.7倍）、養護教諭は8.2倍（前年度8.7倍）、栄養教諭は10.4倍（前年度8.8倍）となっている（表17-2）。

また競争率の経年推移を見てみると、ここ10年では栄養教諭をのぞき、低下

表17-2　2012年度公立学校教員採用試験の状況

（単位：人・倍）

区分（職種）	応募者数	受験者数	採用者数	競争率（倍率）
小学校	64,769	59,230	13,598	4.4倍
中学校	70,133	62,793	8,156	7.7倍
高等学校	42,358	37,935	5,189	7.3倍
特別支援学校	10,083	9,198	2,672	3.4倍
養護教諭	10,856	9,715	1,184	8.2倍
栄養教諭	1,622	1,367	131	10.4倍
計	199,821	180,238	30,930	5.8倍

（注）1. 採用者数は、2012年6月1日までに採用された数である。
2. 学校種の試験区分を分けずに選考を行っている県市の受験者数は、小学校の受験者数に含んでいる。
3. 中学校と高等学校の試験区分を分けずに選考を行っている県市の受験者数は中学校の受験者数に含んでいる。
4. 特別支援学校の受験者数は、「特別支援学校」の区分で選考試験を実施している県・市の数値のみを集計したものである。
5. 競争率（倍率）は、受験者数／採用者数である。

傾向にあるといえる（表17-3）。先に述べたように少人数指導が求められるようになったこと、また定年退職者が増加し、現場職員の補填が急務となったことから、正規職員の採用が拡大していることが、競争率の低下に影響していると考えられる。しかしながら都市部を除いては教員採用試験は高い倍率であること（表17-4）、2002年からは再任用制度の導入がされたことで新規学卒者採用は抑えら

表17-3　教員採用試験競争率の推移

	14	15	16	17	18	19	20	21	22	23	24
小学校	6.3	5.3	4.8	4.5	4.2	4.6	4.3	4.2	4.4	4.5	4.4
中学校	12.0	11.8	11.8	11.7	11.7	9.8	9.1	8.4	8.7	7.8	7.7
高等学校	13.9	13.9	14.1	14.0	13.3	14.2	10.8	9.4	8.1	7.7	7.3
特別支援学校	4.4	4.1	4.0	4.0	4.1	4.4	3.5	3.5	3.4	3.5	3.4
養護教諭	9.9	10.5	10.3	10.9	9.8	10.0	9.7	9.2	9.4	8.7	8.2
栄養教諭						4.2	5.9	8.3	7.5	8.8	10.4
計	9.0	8.3	7.9	7.6	7.2	7.3	6.5	6.1	6.2	6.0	5.8

「公立学校教員採用選考試験の実施状況について」（2012年度、文部科学省）

表17-4　都道府県別　公立学校教員採用選考試験競争率

北海道	5.4	石川県	4.3	岡山県	5.3
青森県	11.2	福井県	6.4	広島県	5.0
岩手県	8.9	山梨県	9.1	山口県	5.7
宮城県	8.8	長野県	6.6	徳島県	7.4
秋田県	9.8	岐阜県	4.7	香川県	4.5
山形県	8.8	静岡県	5.5	愛媛県	7.6
福島県	8.6	愛知県	5.4	高知県	6.7
茨城県	5.3	三重県	6.5	福岡県	6.4
栃木県	5.9	滋賀県	3.9	佐賀県	8.0
群馬県	5.0	京都府	5.5	長崎県	13.0
埼玉県	5.2	大阪府	5.1	熊本県	12.3
千葉県	4.5	兵庫県	6.0	大分県	8.6
東京都	5.0	奈良県	4.9	宮崎県	14.4
神奈川県	5.7	和歌山県	6.0	鹿児島県	11.2
新潟県	10.4	鳥取県	6.2	沖縄県	10.7
富山県	4.1	島根県	7.7		

「公立学校教員採用選考試験の実施状況について」（2012年度、文部科学省）

れるようになったことから、依然として教員採用試験は難関であることがいえる（表17-5）。

　採用者総数に占める新規学卒者の割合の推移について、文部科学省の2012年の調査によると、1993年度から2002年度まで低下が続き、2003年度に増加に転じて以降、2005年度にわずかに減少した以外は、2011年度まで増加が続き、2012年度は同率となっている。採用率は新規学卒者18.5％、既卒者16.6％となっている。

ペーパーティーチャー 415 万人

　教員採用試験を受ける上で必要な教員普通免許状は、大学等において教職課程としての認定単位の修得と卒業・修了を条件として、申請により授与される。2005年度の文部科学省による調べでは、全国の大学・短期大学・大学院等で取得が可能である。教員養成大学や学部に限られずに取得が可能であること（表17-6）、また国家試験等を課されていないことから、比較的に取得しやすい資格といえよう。したがって、教職課程受講・修了者が必ずしも教職に就くとは限らず、教職についていない教員免許所持者（ペーパーティーチャー）は毎年大量に発生していると考えられる。

　中央教育審議会教員免許制度ワーキンググループの配布資料（第14回会議、2006年5月26日）は、毎年の教員免許取得者実数合計（約523万）と現職教員数（約109万）との差、約415万人をペーパーティーチャー数と推定している。

　公立学校の教員採用試験における受験者数を見てみると、一般大学出身者が66.1％、教員養成大学・学部出身者が18.7％、大学院出身者が10.3％、短期大学など出身者が5.0％となっており、一般大学出身者が最も多くなっている。また、試験区分別に見てみても、すべての区分において一般大学出身者が最も多く、小学校、中学校、高等学校、特別支援学校、養護教諭、栄養教諭のそれぞれ58.0％、72.1％、72.6％、63.2％、53.0％、70.1％を占めている。

　採用率について学歴別に見てみると、文部科学省の2012年度の調査によると、教員養成大学・学部の出身者で26.7％（3.7人の受験者に対し1人の割合で採用）、大学院で19.3％（同5.2人に1人）、一般大学で14.7％（同6.8人に1人）で、2001年度以降は低下傾向にあるが、教員養成大学・学部出身者の採用率が最も

表17-5 受験者・採用者における新規卒業者及び新規学卒者率

				小学校	中学校	高等学校	特別支援学校	養護教諭	栄養教諭	計
受験者	新規学卒者	人数	平成24年度	17,001	18,639	9,570	1,637	2,538	654	50,039
			前年度	17,119	19,454	9,759	1,594	2,621	678	51,225
		比率	平成24年度	30.6%	31.4%	27.7%	18.2%	27.7%	54.8%	29.6%
			前年度	30.8%	31.8%	27.8%	18.3%	28.1%	55.2%	29.9%
	既卒者	人数	平成24年度	38,599	40,761	25,033	7,345	6,609	539	118,886
			前年度	38,432	41,802	25,396	7,109	6,695	550	119,984
		比率	平成24年度	69.4%	68.6%	72.3%	81.8%	72.3%	45.2%	70.4%
			前年度	69.2%	68.2%	72.2%	81.7%	71.9%	44.8%	70.1%
	合計	人数	平成24年度	55,600	59,400	34,603	8,982	9,147	1,193	168,925
			前年度	55,551	61,256	35,155	8,703	9,316	1,228	171,209
採用者	新規学卒者	人数	平成24年度	4,915	2,236	1,187	587	295	33	9,253
			前年度	4,756	2,207	998	530	257	59	8,807
		比率	平成24年度	38.1%	29.5%	25.9%	22.3%	26.5%	26.6%	32.0%
			前年度	39.3%	29.5%	23.2%	21.3%	24.9%	41.8%	32.0%
	既卒者	人数	平成24年度	7,986	5,356	3,404	2,047	817	91	19,701
			前年度	7,353	5,270	3,304	1,960	777	82	18,746
		比率	平成24年度	61.9%	70.5%	74.1%	77.7%	73.5%	73.4%	68.0%
			前年度	60.7%	70.5%	76.8%	78.7%	75.1%	58.2%	68.0%
	合計	人数	平成24年度	12,901	7,592	4,591	2,634	1,112	124	28,954
			前年度	12,109	7,477	4,302	2,490	1,034	141	27,553
採用率	新規学卒者		平成24年度	28.9%	12.0%	12.4%	35.9%	11.6%	5.0%	18.5%
			前年度	27.8%	11.3%	10.2%	33.2%	9.8%	8.7%	17.2%
	既卒者		平成24年度	20.7%	13.1%	13.6%	27.9%	12.4%	16.9%	16.6%
			前年度	19.1%	12.6%	13.0%	27.6%	11.6%	14.9%	15.6%
	計		平成24年度	23.2%	12.8%	13.3%	29.3%	12.2%	10.4%	17.1%
			前年度	21.8%	12.2%	12.2%	28.6%	11.1%	11.5%	16.1%

(注) 1. 採用率(%)=採用者数／受験者数。
2. 大阪府は受験者・採用者の学歴等を把握していないため、大阪府の受験者数・採用者数は、採用者数を除いた人数を基に計算している。
3. 堺市は受験者の学歴等を把握していないため、受験者数に堺市の人数は含まない（2012年度、文部科学省の統計による）。

第17章 数字で見る教師の素顔—データが物語る教師の現状— *191*

表17-6 各種教員免許状の認定課程を有する機関

区分		大学等数	認定課程を有する大学	免許状の種類別の認定課程を有する大学等数							
				小学校	中学校	高等学校	盲学校	聾学校	養護学校	幼稚園	養護教諭	栄養教諭
大学	国立	83	77 92.8%	51	70	77	5	9	51	49	21	5
	公立	73	42 57.5%	2	31	38			1	4	13	8
	私立	548	435 79.4%	50	376	427			43	83	34	77
	計	704	554 8.7%	103	477	542	5	9	95	136	68	90
短期大学	国立	10	−									
	公立	42	14 33.3%		10	−				8	1	4
	私立	436	257 58.9%	33	136	−			1	204	22	69
	計	488	271 55.5%	33	146	−	0	0	1	212	23	73
合計		1,192	825 69.2%	136	623	542	5	9	96	348	91	163
大学院	国立	87	80 92.0%	51	73	80	5	10	50	50	20	1
	公立	62	31 50.0%	1	26	29				1	5	3
	私立	409	289 70.7%	27	243	285			4	29	11	5
	計	558	400 71.7%	79	342	394	5	10	54	80	36	9
専攻科	国立	28	28 100.0%			1	1	4	26			
	公立	2	1 50.0%	1								
	私立	44	34 77.3%	10	27	32				9	2	
	計	74	63 85.1%	11	27	33	1	4	26	9	2	0
短期大学専攻科	国立	7	−			−						−
	公立	16	1 6.3%			−				1		−
	私立	164	30 18.3%	4	8	−				26	1	
	計	187	31 16.6%	4	8	−	0	0		27	1	−
養成機関	国立	7	7			−	1				6	
	公立	9	9			−				1	8	
	私立	42	42	2		−				37	1	5
	計	58	58	2	0	−	1	0	0	38	15	5

(2005年度、文部科学省 教職員課調べ)

高くなっている。全体の競争倍率は、小学校で4.4倍（前年度4.5倍）、中学校で7.7倍（前年度7.8倍）、高等学校で7.3倍（前年度7.7倍）である（表17-7）。

表17-7　学歴別の教員採用率

学　歴	採用者数	割　合	採用率
一般大学出身者	15,926人	56.7%	14.7%
教員養成大学・学部出身者	8,191人	29.2%	26.7%
大学院出身者	3,250人	11.6%	19.3%
短期大学等出身者	730人	2.6%	8.9%

（注）「割合」は、各学歴の採用者数が全体の採用者数に占める割合を求めたものである。「採用率」は、採用者数を受験者数で除したものを百分率で表したもので、受験者の何％が採用されたかを示す（「公立学校教員採用選考試験の実施状況について」2012年度、文部科学省）。

民間人校長1％未満

　民間企業から教職へ採用者に占める教職経験者、民間企業等勤務経験者の割合は、教職経験者54.8％（0.9ポイント増）、民間企業等勤務経験者5.5％（0.2ポイント増）となっており、教職経験者や民間企業等の勤務経験を有する者の割合が増加している。

　民間企業から学校へ、というと「民間人校長」が2000年に導入された。『読売新聞』（2013年4月19日）の記事に因ると、民間人の校長の割合は公立小中高等学校の1％にも満たない。これまでの総数も、のべ300人程度である。2012年に大阪市は小中学校長50人を公募し、応募の7割が民間人だったものの、合格者の8割は教育界からであるという。閉塞的と言われる教育の現場に民間企業からの発想にヒントを得て現場の風通しを良くすることを期待されるが、その定着はまだといえるだろう。

表17-8 採用者における民間企業経験者等の数及び比率

区分	全体	教職経験者（内数）	教職経験者比率（％）	民間企業等勤務経験者（内数）	民間企業等勤務経験者比率（％）
小学校	11936	5890	49.3	508	4.3
	(11209)	(5377)	(48)	(485)	(4.3)
中学校	6996	4009	57.3	378	5.4
	(6908)	(3753)	(54.3)	(354)	(5.1)
高等学校	4223	3500	59.2	343	8.1
	(3876)	(2433)	(62.8)	(294)	(7.6)
特別支援学校	2365	1558	65.9	169	7.1
	(2239)	(1459)	(65.2)	(146)	(6.5)
養護教諭	1046	627	59.9	57	6.4
	(981)	(587)	(59.8)	(55)	(5.6)
栄養教諭	122	31	25.4	12	9.8
	(137)	(43)	(31.4)	(12)	(8.8)
計	26688	14615	54.8	1477	5.5
	(25350)	(13652)	(53.9)	(1346)	(5.3)

（注）ここでいう「教職経験者」とは、公立学校教員採用前の職として国公私立の教員であった者（非常勤講師も含む）を指す。「民間企業等勤務経験者」とは、公立学校教員採用前の職として教職以外の継続的な雇用に係る勤務経験のあった者をいう。（ただし、いわゆるアルバイトの経験は除く）。表内の（ ）内の数値は、前年度の数値。採用率（％）は採用者数を受験者数で除した数値を使用している。神奈川県、大阪府、熊本県は、採用選考において採用者の職歴等を把握していないため、当該府県市の採用者数を除いた人数を基に計算している。また、横浜市は、採用選考における採用者の職歴等の集計方法が本調査と異なるため、横浜市の採用者数を除いた人数を基に計算している（「平成24年度公立学校教員採用選考試験の実施状況について」文部科学省）。

表17-9 校長等登用候補者に期待する経験等について

（複数回答、単位：県市）

教育委員会事務局、教育事務所等での教育行政経験	へき地校・離島等での教育指導経験	大規模校での教育指導経験	一定の教職経験年数	職歴、教職経験年数ともに問わない
34	20	22	54	7

（「公立学校における校長等の登用状況等について」文部科学省、2009年11月）

表17-10　校長等登用者の直前の職

(単位：人)

登用直前の職歴	校長登用者	副校長登用者数	教頭登用者数	主幹教諭登用者数	指導教諭登用者数
副校長	433				
教頭	3488	232			1
主幹教諭		296	979		82
指導教諭			108	59	
教諭	1	45	3047	3595	278
養護教諭	1		4	73	6
事務職員	1		4		
その他の教育職員	30	2	16	7	3
教育委員会事務局職員	1145	101	1430	101	15
その他	46	1	50	6	1
合計	5145	677	5638	3841	386

(「平成23年度公立学校教職員の人事行政状況調査について」文部科学省)

3. 職場環境と勤務実態

教師の心の病

　2010年度中にうつ病などの精神疾患を理由に休職した教員は5,274人にのぼり、1979年の8倍にもなっている。全体の総数の減少はしているものの、5,000人を超えており高い割合である（表17-11）。文部科学省は、「学級を一人で受け

表17-11　教員の精神性疾患による病気休職者の推移

(単位：人、％)

年度	1995	2000	2005	2008	2009	2010	2011
在職者数（A）	971,027	930,220	919,154	915,945	916,929	919,093	921,032
病気休職数（B）	3,644	4,922	7,017	8,578	8,627	8,660	8,544
うち精神性疾患による休職者数（C）	1,240	2,262	4,178	5,400	5,458	5,407	5,274
在職者比 (B)／(A)	0.38	0.53	0.76	0.94	0.94	0.94	0.93
(C)／(A)	0.13	0.24	0.45	0.59	0.60	0.59	0.57
(C)／(B)	34.0	46.0	59.5	63.0	63.3	62.4	61.7

「教員の精神性疾患による病気休職者の推移（1995-2011）」（文科省）より作成

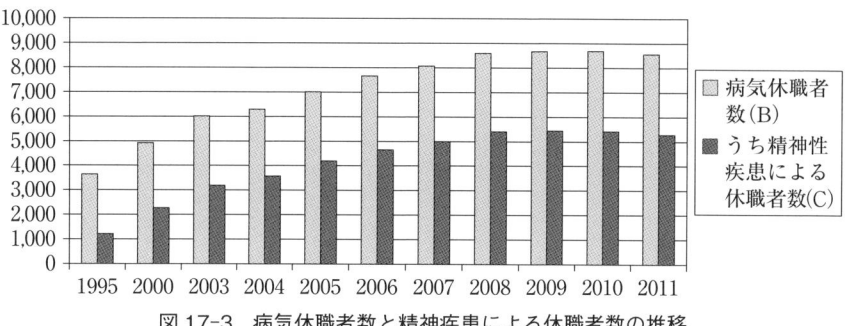

第17章 数字で見る教師の素顔—データが物語る教師の現状— 195

図17-3 病気休職者数と精神疾患による休職者数の推移

「2006年度教育職員に係る懲戒処分等の状況について」（文部科学省）、「平成23年度公立学校教職員の人事行政状況調査について」（文科省）より作成

持ち、保護者との関係の悩みなどを同僚や上司に相談しにくい状況が依然あるのではないか」と分析している（『日本海新聞』2013年1月9日）。

教師の多忙感

日本の国公立学校の教員の法定勤務時間は1,883時間であり、経済協力開発機構（OECD）平均（初等教育段階1,671時間、前期中等教育段階1,667時間、後期中等教育段階1,669時間）よりも長くなっている。一方で授業時間を見てみると、日本の授業時間はOECD平均よりも短い。法定勤務時間と授業時間の差か

表17-12 勤務日の平均残業時間における業務内訳（通期・小学校教員全体）

（単位：分）

	第1期（7/3-7/30）		第2期（7/31-8/27）		第3期（8/28-9/24）	
1	成績処理	28	その他の校務	4	授業準備	22
2	授業準備	18	事務・報告書作成	3	成績処理	11
3	事務・報告書作成	12	学校経営	2	学校行事	9
4	学校経営	9	学校行事	2	事務・報告書作成	8
5	その他の校務	7	授業準備	1	学校経営	8
	第4期（9/25-10/22）		第5期（10/23-11/19）		第6期（11/20-12/17）	
1	授業準備	27	授業準備	30	授業準備	22
2	成績処理	13	成績処理	11	成績処理	21
3	事務・報告書作成	9	事務・報告書作成	9	事務・報告書作成	9
4	会議・打ち合わせ	8	会議・打ち合わせ	7	学校経営	7
5	学校経営	8	学校経営	7	会議・打ち合わせ	7

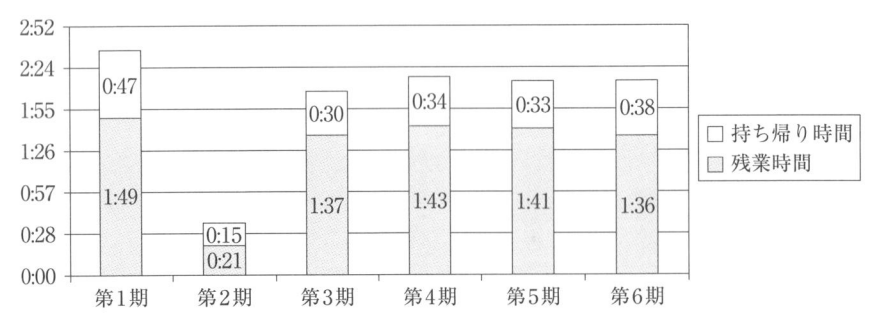

図17-4 勤務日・1日あたりの平均残業時間量・持帰り時間量（通期・小学校教員全体）
「教員勤務実態調査（小・中学校）」報告書、2006年、ベネッセコーポレーションより作成

ら、授業や子どもへの対応以外の業務に追われる日本の教員の姿が浮かび上がってくる（Education at a Glance 2013, OECD）。

「オカネのない」教育現場

2012年11月に全国の公立小中学校の教職員定数を今後5年間で1万人削減する必要があると財務省が発表した。一方で文部科学省は、少人数学級や、個別の教育課題に対応した教職員配置の充実を要する子どものために、予算を1,800億円増やした教職員定数を28,000人増やす計画を発表し、教職員定数をめぐって対立をしている。2013年度概算要求においては、5,500人の教職員定数の改善を計上している。財務省は学級の規模と学力の向上には密接な関係が見いだせないとし、定数を1万人減らしても生徒40人当たりの教職員数は現状と同じ2.78人を維持できると主張し、定員の削減により、スクールカウンセラーなどの外部機関の人材確保、学力調査等の充実に充てるとしている（表17-13）。

表17-13 教職員定数をめぐる主張の違い

文部科学省計画	財務省案
5年で2万8,000人増員	5年で1万人減員
国・地方で1,800億円増加	国・地方で650億円削減
世界最高水準の義務教育実現	学級規模と学力向上に密接な関係は見いだせない
いじめ問題や教育格差解消	学級規模といじめ・不登校に密接な関係は見いだせない

『南日本新聞朝刊』（2012年11月2日）

OECD が2013年6月に加盟国の教育に関する調査の結果を発表した。日本の教育予算は OECD30 カ国のうち、4年連続で最下位となっている。『朝日新聞』(2013年6月26日) によると、2010年の国内総生産 (GDP) に占める教育機関への公的支出は約18兆円である。OECD 加盟国の教育に関する支出は、初等教育から高等教育まで学生1人当たり平均9,313米ドルである。(初等教育生徒1人当たり7,974米ドル、中等教育生徒1人当たり9,014米ドル、高等教育学生1人当たり13,528米ドル)。最高水準の資格を持つ、給与基準の最上位に位置する教員の給与は、就業前教育レベルで平均47,243米ドル、初等教育で49,609米ドル、前期中等教育で52,697米ドル、後期中等教育で53,449米ドルとなっている。2000年から2011年までに教員の給与が減少した国はフランスと日本のみである。

指導力不足の教員 208 人

学校教育において、その担い手と言える教員の力は子どもに及ぼす影響が非常に大きい。しかしながらそのような中で、指導力が適切でない教員は、子どもへの影響のみならず公教育に対する信頼にも大きく影響する。

47都道府県教育委員会および19指定都市教育委員会を対象として、2001年度より、指導が適切でない教員について調査が行われている。2010年の調査では認定者総数は208名にのぼっている (表17-14)。

表17-14　2010年度指導が不適切な教員認定者内訳

(単位：人)

認定者総数 (a) + (b) + (c)		208
2010年度に研修を受けた者	(a) 小計	140
	現場復帰	62
	依頼退職	239
	分限免職	3
	分限休職	10
	転任	3
	研修継続	30
	その他	33
(b) 研修受講予定者のうち、別の措置がなされた者		3
(c) 2011年度からの研修対象者		65

(「指導が不適切な教員の人事管理に関する取組等について」2010年度、文部科学省)

「(a) その他」の内訳：地方教育行政の組織及び運営に関する法律第 47 条の 2 の規定による免職・採用 1 人、他の研修受講 2 人。

「(b) 研修受講予定者のうち、別の措置がなされた者」は、2010 年度に研修を受ける予定だった者で、認定後、研修を受講することなく別の措置等がなされた者を示す（その内訳は、依願退職 1 人、死亡退職 2 人）。

「(c) 2011 年度からの研修対象者」とは、2010 年度に認定され、2011 年度から初めて研修を受ける者を示す。

指導が不適切な教員の認定者 208 人のうち、学校種は小学校が 49.5％、中学校が 30.8％、高等学校が 14.4％、中等教育学校が 0.5％、特別支援学校が 4.8％となっている。性別は男性が 75.0％で女性 25.0％である。年代別の内訳を見てみると、20 代が 5.8％、30 代が 13.4％、40 代が 32.7％、50 代が 48.1％と年齢が上がるにつれて多くなっている。在職年数別にみると 5 年以下が 10.6％、6 〜 10 年未満が 4.8％、10 〜 20 年未満が 20.2％、20 年以上が 64.4％となっている。

「指導が適切でない教員」の定義として、具体的には①教科に関する専門的知識、技術等が不足しているため、学習指導を適切に行うことができない場合（教える内容に誤りが多かったり、児童等の質問に正確に答え得ることができない等）②指導方法が不適切であるため、学習指導を適切に行うことができない場合（ほとんど授業内容を板書するだけで、児童等の質問を受け付けない等）③児童等の心を理解する能力や意欲に欠け、学級経営や生徒指導を適切に行うことができない場合（児童等の意見を全く聞かず、対話もしないなど、児童等とのコミュニケーションをとろうとしない等）としている（19 文科初第 541 号「教育職員免許法及び教育公務員特例法の一部を改正する法律について（通知）」2007 年 7 月 31 日、文部科学省）。

指導が不適切な教員の認定者数等の推移をみてみると、2004 年度の 566 人をピークに、2009 年度は 260 人、2010 年度は 208 人というふうに、徐々に減少してきている（表 17-15）。

表 17-15 指導が不適切な教員の認定者数に係る推移
(単位:人)

	H13	H14	H15	H16	H17	H18	H19	H20	H21	H22
認定者数	149	289	481	566	506	450	371	306	260	208

「指導が不適切な教員の人事管理に関する取組等について」2010年度、文部科学省

　指導が適切でない教員に対して行われる措置に関しては都道府県や指定都市教育委員会がそれぞれ行っており、統一されていなかったことから、本来行われるべき措置が的確に行われていない可能性があることを鑑みて、全国的な水準を確保する観点から2007年6月に指導改善研修が法定化された。認定者のうち研修の対象者は約70%となっており、さらに研修を受けた者のうち、現場へ復帰したものは約20%～30%となっている。また、現場へ復帰したもの以外では依頼退職が最も多くなっている（図17-5）。

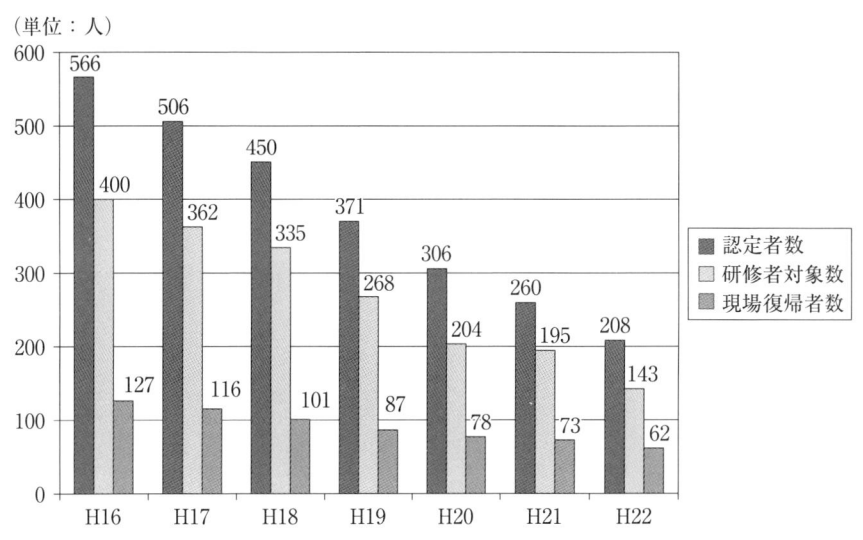

図 17-5　指導が不適切な教員の認定者数・研修対象者数・現場復帰者数
(「指導が不適切な教員の人事管理に関する取組等について」2010年度、文部科学省)

（藤井　基子）

執筆者一覧

下山田　伸一郎	横浜創英中学・高等学校長	（第1章、第8章）
南　久直	元横須賀市立森崎小学校長	（第2章）
白倉　哲	神奈川県立総合教育センター　企画広報課長	（第3章）
鈴木　美喜	神奈川県立総合教育センター　教育課題研究課長	（第4章）
杉坂　郁子	神奈川県立総合教育センター　企画調整部長	（第5章）
浜崎　美保	神奈川県立総合教育センター　教育相談課長	（第6章）
戸田　崇	神奈川県立総合教育センター　教育人材育成課長	（第7章）
伊藤　昭彦	神奈川県立総合教育センター　教育事業部長	（第9章）
阪本　秀典	東京都江戸川区立清新第二小学校　主幹教諭	（第10章）
小泉　力也	神奈川県立総合教育センター　教育指導専門員	（第11章）
田原　開起	元広島県大和町立大和中学校長・広島県立青年の家所長	（第12章）
金　龍哲	神奈川県立保健福祉大学　教授	（第13章）
鈴木　正一	神奈川県立総合教育センター　教育相談部長	（第14章）
葉倉　朋子	川崎市立東菅小学校長	（第15章）
西ヶ谷　克彦	神奈川県立大楠高等学校　教頭	（第16章）
藤井　基子	川崎市立日吉小学校　養護教諭	（第17章）

■編著者紹介

金　龍哲（JIN Longzhe）

1982年東北師範大学（長春）卒業後、教育部大連外国語大学赴日予備校を経て、同年10月中国政府派遣留学生として来日。1988年広島大学大学院教育学研究科博士課程修了（教育学博士）、同年4月帰国、中国教育部中央教育科学研究所副教授、比較教育研究センター副主任、学術委員。1995年広島大学大学院教育学研究科助教授、2003年より神奈川県立保健福祉大学教授、2011年神奈川県立保健福祉大学保健福祉学部長（比較教育学専攻）。

〈主な著書〉

『結婚のない国を歩く─中国西南のモソ人の母系社会』（大学教育出版、2011）

『東方女人国の教育─モソ人の母系社会における伝統文化の行方』（大学教育出版、2011）

『教育と人間と社会』（協同出版、2012）他論文多数

下山田　伸一郎（SHIMOYAMADA Shinichiro）

1976年早稲田大学第一文学部を卒業後、神奈川県立舞岡高校および川崎高校教諭として勤務。1994年神奈川県教育委員会高校教育課に勤務。2001年神奈川県立汲沢高校校長、2003年横浜桜陽高校校長。2004年神奈川県教育委員会高校教育課長、2007年学校教育担当部長、2010年神奈川県立総合教育センター所長。2013年より私学の横浜創英中学・高等学校校長。

〈主な著書〉

『県立高校改革推進計画の軌跡』（【共】神奈川県立総合教育センター、2013）他

現場から問う　職業としての教師

2014年4月30日　初版第1刷発行

■編　著　者──金　龍哲・下山田　伸一郎
■発　行　者──佐藤　守
■発　行　所──株式会社　大学教育出版
　　　　　　　〒700-0953　岡山市南区西市855-4
　　　　　　　電話（086）244-1268　FAX（086）246-0294
■印刷製本──サンコー印刷（株）

© JIN Longzhe & SHIMOYAMADA Shinichiro 2014, Printed in Japan
検印省略　　落丁・乱丁本はお取り替えいたします。
本書のコピー・スキャン・デジタル化等の無断複製は著作権法上での例外を除き禁じられています。本書を代行業者等の第三者に依頼してスキャンやデジタル化することは、たとえ個人や家庭内での利用でも著作権法違反です。

ISBN978-4-86429-269-6